29

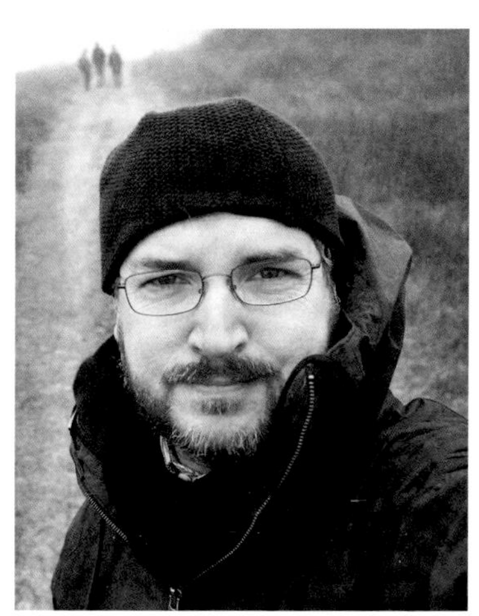

JOSEF CHUCHMA

Tomki **Němec**

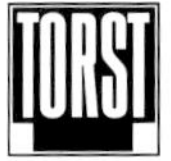

Kniha byla vydána ve spolupráci s Ministerstvem kultury České republiky.

ISBN 978-80-7215-329-9

Tomki Němec: On the Road

In 2007, eighteen years after the "Velvet Revolution" of November and December 1989, several relatively big exhibitions took place in the Czech Republic. Now without ideological bias, and with the first serious academic interest, these exhibitions provided a recapitulation of the Czech visual arts of the 1970s, including of course photography.[1] These were the arts of a decade that is in Czech and Czechoslovak political and cultural history now considered a dark period, which engulfed the country after the hopes of the 1960s and particularly the Prague Spring of 1968 were dashed.

This "discovery" of the Seventies seems not to have been by chance. The Czech democracy that was established after the Velvet Revolution had symbolically come of age by 2007 – at the age of eighteen, after all, a citizen becomes legally fully responsible for his or her own actions. While the Czechs' considerable dissatisfaction with the political situation of their country seems to suggest that the post-November-1989 republic has not yet reached that stage of maturity and responsibility, there are less visible, less audible undercurrents of society, which are nevertheless moving towards that imaginary boundary. That was expressed, for example, by those exhibitions about the Seventies. There are also more prosaic reasons for this new consideration of the period, in particular of its way of life and visual style. Czech households still have things from those days, and the children of parents who were in their most productive time of life thirty or more years ago have now grown up and are asking them: Why did you live like that? How could you? If we look at countries around the world, which have also gone through traumatic stages in their history, it is evident that this is a frequent generational phenomenon, if not universal.

Our focus here, however, is on Czech photography in the period known as "Normalization" (a term that soon gained currency to describe conditions that seemed normal to Moscow Stalinists and their Prague toadies), which began in late 1969 and early 1970. It would be better, actually, to say our focus is on "photography in the Czech Republic" (one of two parts of the Czechoslovak federation after 1969), because an integral feature of Czech photography is also the many Slovaks who came to Prague to attend FAMU (the Film and Television School of the Academy of the Performing Arts) and then eventually settled down in this city, ultimately influencing their Czech colleagues to various degrees.

So far there is no comprehensive history of the photography of this country in the twentieth century, or even in the period we are considering. Instead one must turn to several smaller essays in larger works on the arts. One such essay is by the photographer, theorist, and critic of photography, Josef Moucha (b. 1956),[2] which sketches out the development of social documentary photography in the period we are considering, in particular photographers who arrived on the scene in the 1970s, the people of Moucha's generation. Just as politics, society, and culture developed differently in the Czechoslovakia of the 1970s from that of the 1980s, so too did art photography, including documentary photography, which is of particular interest to us in this book. The cultural shift between these two decades in the Czech Republic has not yet been precisely analyzed. For our purposes two events in photography illustrate this point well.

In autumn 1981, at the former Cistercian abbey in Plasy near Pilsen, the most important photography exhibition to take place in Czechoslovakia during the Normalization period was held. The exhibition, which the authorities granted permission for but the state-owned mass media ignored, was entitled "9 & 9." Its curator was an internationally respected specialist on photography, Anna Fárová. The opening was attended by, among others, Henri Cartier-Bresson, the co-founder of Magnum Photos, and was a demonstration of the artistic strength of photographers born in the 1940s and 1950s and of their faith in the rightness of realistic, unstylized, socially oriented works.[3] In autumn 1989 Fárová organized an exhibition in the Junior klub Na Chmelnici, Prague. It was called "37 Photographers at Na Chmelnici." The venue was, again, one that had originally not been intended for exhibitions.[4] It was, however, the freest photography exhibition in the twenty years of Normalization. Here one could really feel the social tension that would, about a month later, erupt as the Velvet Revolution.

Two things in particular made the "37 Photographers" exhibition interesting. The difference in the development of photography in the Czech Republic of the 1970s from that of the 1980s was manifested in the preparation of this cross-generational exhibition, for which Fárová herself had chosen the photographers or, as she called them, the "lions and tigers." On the one hand, she invited photographers of realistic, thoroughly humanist works from the informal group that had shown its photos at Plasy, and, on the other, she invited some photographers of manipulated and staged work from the same generation, but, in addition, she also chose younger Czech and Slovak photographers, born in the 1960s. "The Plasy photographers did not really feel like entering this cross-generational community, claiming that they did not belong together; hence their being called 'lions and tigers in one cage' in the catalog," Fárová later recalled.[5] It was simply because the style and, in several cases, also the subject matter of the "young tigers" was different from that of the "lions of Plasy." The difference was not only amongst those within the strong group of proponents of staged, essentially postmodern art photography, who had formed their style mainly at FAMU, but also amongst the documentary photographers. The latter depicted what was happening in society in a straightforward way, and the effect of their works was not only generally engagé but also clearly against the regime. One of those 37 photographers was Tomki Němec.

Long before he became a photographer, Němec was political. Politics, its outward expression and consequences, are something he has noticed ever since he was a child, well before he had even an inkling of photography. One of the reasons is that his father, though not a member of the Czechoslovak Communist Party, could in the more liberal year 1968 travel to Egypt on business. When Tomki was five, he moved with his parents to Alexandria, leaving behind a Czechoslovakia that was living in hope of better political conditions. Four years later he returned to a country in which all hopes

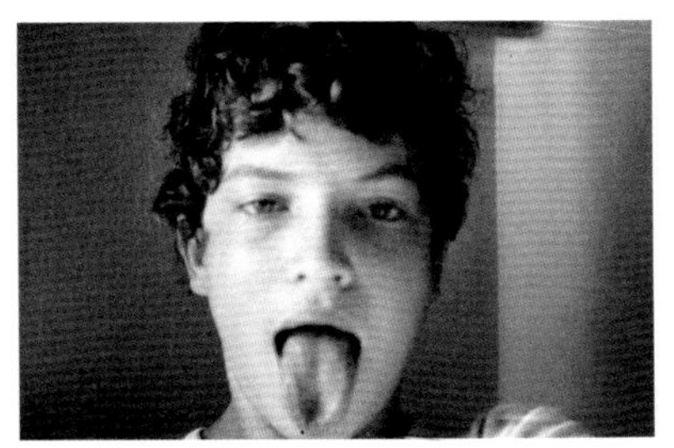

Alexandria / Alexandrie, 1977

had long been dashed by the Soviet occupation. In addition, he had come to know cultural and social difference while living in Alexandria, a whole other world from Prague and central Europe. These two strong impressions, which he had gained as a child, later turned out to be important, if not decisive, for his photography.

Although his first photograph was published in the weekly *Mladý svět* (Young World) when he was only fifteen, it was not yet a conscious act, but rather a by-product of Němec's love of "tramping." A past-time that had emerged in interwar Czechoslovakia, tramping developed from Scouting, Ernest Thompson Seton's Woodcraft movement, and an interest in Native Americans and cowboys. It involves hiking and roughing it in the great outdoors together with like-minded people. Tramping became widespread in Czechoslovakia, and, despite its American-inspired origins, lasted even under the Communist regime. *Mladý svět* had a regular column devoted to it. Němec's will and desire to make statements with photographs did not appear till the next decade.

Němec stresses again and again the role that Ján Šmok (1921–1997) had in making him really think about photography. Apart from being head of the Department of Photography at FAMU, Šmok ran a photo club (called the "little school") in Prague, which Němec used to go to. When Němec showed Šmok his first photos, Šmok rolled them up, raised the tube to his eye, looked through it at the young aspiring photographer, and said: "Go and photograph something else!"[6] He "tormented" most of the aspiring young photographers in this healthy way, when they first came to him. It was back then that Němec's stubbornness and perseverance revealed themselves, traits without which his career in photography would have been unthinkable. He didn't give up, he kept learning, and was accepted to study under Šmok at FAMU right when he first applied. This is quite an achievement, since it was a school that was, in terms of the low number of applicants accepted, almost an impregnable fortress, within which, however, the atmosphere was relatively liberal.

Politics got in Němec's way again while he was a photography student, but now he was no longer a child or helpless observer. Instead, he was an actor in events, though – like many other Czech artists of the second half of the 1980s – he moved between the establishment scene and the scene that existed without the blessings of Party and State. He applied for a job as a photographer at *Mladý svět*, an establishment weekly, yet at the same time was involved in the Prague samizdat periodicals *Revolver Revue*, *Sport*, and *Jazzstop*, which were written, printed, and distributed by Němec's dissident contemporaries. And because

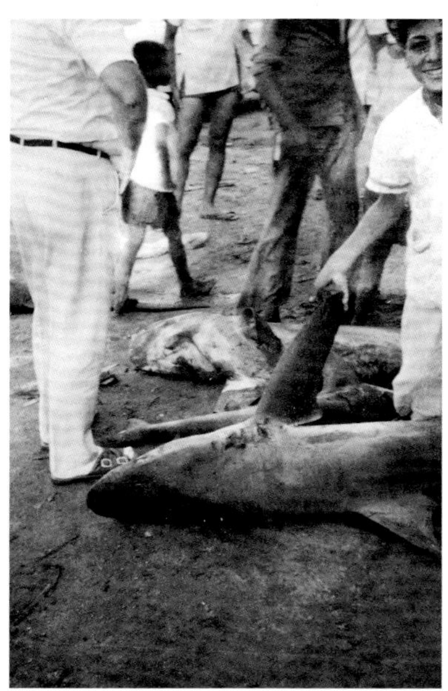

Abu Qir / Abúkir, 1977

he regularly took photographs at public protests, which began in Prague on 21 August 1988 (the day of the twentieth anniversary of the Soviet occupation), he too attracted the attention of the secret police, who, as they say, "began to take an interest in him." Once at a demonstration, with a well-practiced move some secret policemen tore apart the shutter of his Nikon. Another time, at Lány, not far from Prague, when he was taking photographs of dissidents laying wreaths at the grave of the founder of Czechoslovakia, T. G. Masaryk, the secret police confiscated his film and drove him to the woods near the town of Rakovník, where they left him to fend for himself. He was soon forced to quit FAMU, which in a way he was glad about, because he had expected something different from the course, something more. He was attracted to documentary photography and had never taken a liking to the studio practicals.

The first two groups of photographs in the current publication present a cross-section of work from a period that was intensely formative for Němec in many ways. Only a few years had passed between tramping (which he had photographed as an insider with a feel for its typical situations), while beginning to gravitate towards the carefully composed picture, and, on the other hand, the riskily made photograph of policemen leading Ivan Martin Jirous (called Magor), a poet, essayist, and principal opponent of the Communist régime, across an inner courtyard from his trial. In that time Němec had grown into a socially engagé, critical photographer.

Though Czechs generally are now reassessing and sometimes even discovering the work and overall style of the 1970s, they have yet to do the same for the

1980s. There are of course documentary photographers who have already published their works from that decade in their own books,[7] but Němec's example, his disillusioned look at his native country in those years, shows that the publication and assessment of photographs relegated to "the drawer" remain to be done.

On Old Town Square, Prague, in 1989, Němec managed to get about two meters from Gustáv Husák, President of Communist Czechoslovakia: Husák's face, rather symbolically, is half-hidden behind a wall of highly placed comrade-functionaries and bodyguards. At the end of that same year, on 29 December, Němec took a photograph of Václav Havel at home writing his inaugural address – later that day Havel was elected President of Czechoslovakia. A few days after that, Němec applied at Radost, a new art agency started up by and for students, to document Havel in photographs, only days before the presidential election, and he became Havel's personal photographer. He managed to keep the job till Havel's resignation in summer 1992, when the famous politician came to the conclusion he could no longer be the head of the Czech state that would remain after the break-up of the Czechoslovak federation set for 1 January 1993. Later Němec returned to Prague Castle at Havel's invitation, to document Havel's term in office after being elected head of the new Czech state, but only for a while, because he wanted to devote himself to his own photography projects.

The nine Havel photographs in this publication may seem like an overly modest representation of a stage in Němec's photography, which gained him international recognition. This includes honorable mention in the prestigious World Press Photo contest for his photograph of Havel caught by a wave on the coast of Portugal, taking a break while on a state visit. That particular photograph does not appear in this book. Němec has his reasons for leaving it out and compiling this particular set to represent his work. First, he has, at his own expense, already published a book of Havel photographs,[8] and he also played an important role in the making of another book of Havel photographs as picture editor and photographer.[9] Second, the photographs in this volume of the Fototorst series cover a period of about twenty years, whereas his most intensive Havel period lasted less than three years; in this light the nine photos in the section constitute a well-proportioned part of the whole. Third, the composition of this section contains an ironic element and also kind criticism. At first, at the beginning of his time as president, Havel was the favorite of the crowds, almost, like Masaryk 70 years before him, the "father" of his liberated people. This section ends with a group portrait of spokesmen of the

Charter 77 civil rights group, which, though it called itself a completely nonpolitical association, was the strongest political opposition force in the country from its declaration in January 1977 to the end of 1989. In 1992, in conditions of freedom, the signatories decided to end the work of the Charter. This group portrait is a goodbye photo. In the next of the nine photographs of the president, we have entered a completely different era in the life of Havel, Czech culture, and Czech society as a whole. Eleven years later, in early 2003, Havel's last term in office ended. Havel bid farewell at a gala evening in the National Theater, Prague, at which some popular artists who had been prominent under the regime that had made him a political prisoner were here again impudently seeking to play first fiddle. That is most likely why the book includes a photograph that Němec made just after that gala evening, in the center of which stands a grinning Karel Gott, the "eternally" most popular Czech singer.

The moment of truth in Němec's career came in late 1992 when he went from being employed at Prague Castle to being a freelance photographer. Not only did he once again have to find a way to make a living, but he also had to decide what direction he was going to take as a photographer. The merry-go-round of state protocol had previously quite strictly determined his subject matter and taken up all his time. Now he seemed to face almost boundless freedom in which he would have to find himself. More than one of the Czech photographers who contributed to the pettiness of the relationships amongst their colleagues was waiting for that moment with malicious curiosity, wondering how their prominent fellow-photographer, who for two and half years had "hobnobbed with Havel," would now end up. But Němec acquitted himself well. He found work internationally as a photojournalist without having to give up taking photographs for himself. When, in 1994, he decided on the spur of the moment to set out for Cuba, outraged by reports about the conditions there, in a sort of photographer's ecstasy, his excited eye led him to take a set of superb, expressive photos, for which the jury of the World Press Photo contest awarded him a prize.

At this point I have to become a bit personal when discussing the value of Němec's Cuban photographs and the civic stance that is an integral part of them. I asked a Czech photojournalist, who I knew had also worked in Cuba and whose photos, for example, of young boxers there, had been published, to provide me with a photograph for an article that was critical of the Castro regime. The photographer replied that he wasn't going to provoke the Castro regime, because it kept close track of who was publishing what. And since he intended to keep traveling to Cuba, he wasn't going to provide me with any photo that would be published in a critical context. When Němec left for Cuba again in May 2005, this time not only as a photographer, but also as a liaison bringing material support to dissidents on that island, Castro's men detained him right at the airport, and sent him back to Prague on the same airplane.[10]

When, figuratively speaking, Němec returned in 1993 from state rooms with the President to everyday life in the streets of Prague and other Czech towns he found people engrossed in all the new material things available to them, in materialistic hedonism, distracted by all sorts of strategies for living and intellectual and spiritual trends. The confusion of views, the herd mentality directed by marketing, did not escape the photographer's keen eye; nor did he fail to see his fellow-citizens' enduring inclination to habits engendered during the Communist era. He noticed situations which revealed that Czechs were only just learning to live in freedom and that the vast majority of them had not grown up in freedom, or, if they had, then they had forgotten what it entailed. And when he went to the now independent neighboring state of Slovakia, he encountered even more paradoxical clashes between culture, tradition, and national and nationalist elements on the one hand and cosmopolitan aspects on the other. The Slovak nation was, in terms of emancipation, at a different phase from the Czech. Its modern history was imbued with rapid industrialization, which, naturally, could not be absorbed by the substratum of the local culture.

I see a similar paradox in Němec himself. He dreams about the "good old days," which have gone forever. Together with his friend and colleague Karel Cudlín, he exaggeratedly imagines, like an exercise, how the two of them might take a photograph, say, of a dirigible in the air, below which a steam engine is traveling while a gentleman in a bowler strolls elegantly along a path. For his own purposes he still photographs with the now almost quaint medium of film. That, however, does not stop him from being interested in the latest technological innovations: he has mastered them as well as classic black-and-white photography.

The essence of the world that is about to be no more and traveling against the flow of time form the concluding section of this book. It comprises photos that Němec took in the hilly south-west of the Romanian Banat, in villages populated by descendents of Czech missionaries who had come here along the Danube in the first third of the nineteenth century in order to settle on the edge

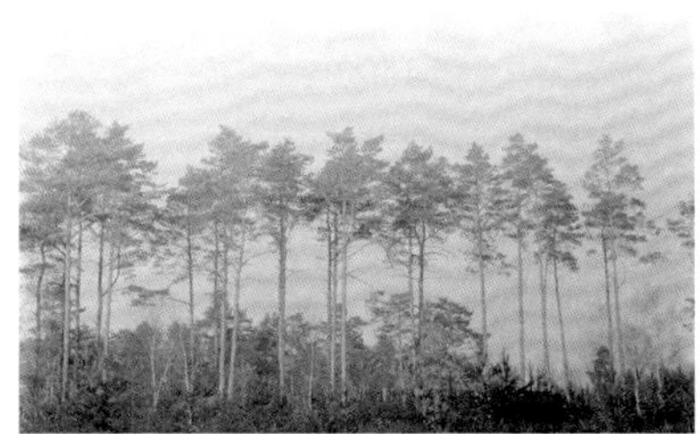

Klánovice, 1980

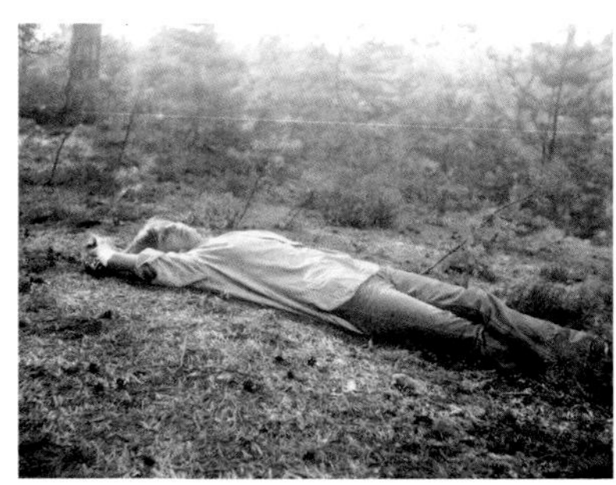

Český Ráj, 1982

of what was then the Austro-Hungarian Empire and begin logging. The scenes that Němec has captured have archetypical features, but avoid slipping into the pastoral. The compositions respect the simplicity of the subject matter. These moments of existence have been extracted and "robbed" from reality far less, for example, than they have in the Prague photos. Němec's scenes from the Banat have only been gently "plucked" out of reality.

His reasons for traveling to the Banat are far from those of a missionary or nationalistic Czech. Whenever possible, he tries to get away from the Czech Republic, so that he does not have to deal with the everyday problems of home, and to get a change of scenery and people. He sometimes needs to be "on the road," to melt away into land still untouched by industry, and in the Banat he finds that kind of environment.

Although they do not appear in this volume one should still discuss Němec's photos of the Balkans, of Kosovo to be precise. He has been traveling there since 2000.[11] In the Kosovo photos Němec's political involvement as an artist is more obvious than in the sensitive observations of the everyday "little" scenes of his native land and neighboring Slovakia. It is not as if he were making a specific, activist, political statement with his Kosovo photos; he photographs there with sympathy for those who are suffering the consequences of a policy that aims to divide and conquer, rather than unite and govern. This kind of policy, though it claims the right to act like a parent that will bring up its children as it sees fit, leading them by the hand, can only give birth to masses of insulted, injured, and deprived people. They matter to Němec above all. Several of his photographs from Kosovo show razed buildings and scorched earth, but he is by no means a war photographer, nor does he aspire to be. He has neither the requisite material resources, nor the nature for the job. Ultimately, he returns to Kosovo for its natural beauty, which he says is "one big piece of countryside."

A special and, in the Czech Republic, exceptional kind of work is Němec's regular photography for the O2 Foundation of the Telefónica O2 company, formerly Eurotel. Němec documents the lives of socially, physically, and mentally disadvantaged people who are being helped by non-governmental organizations and foundations. The result is sets of exhibition prints, which the O2 Foundation preserves as a photographic collection and uses to promote the non-profit sector in public life, at exhibitions, on the Web, in the mass media, and in its annual reports.

Relatively often, and not only in the Balkans, Němec points his lens at "eternal" symbols, and contrasts them with the current reality. This is almost always a critical contrast, and sometimes gloomy. But an essential characteristic of the documentary photographs that Němec endeavors to make is their critical quality. Moreover, he is wary and critical, perhaps most critical of himself, though not everyone who meets him sees it that way or admits it. In the light of how I have sketched him in this article, it sounds charmingly paradoxical to hear Němec say: "I envy everyone who has a clear goal and is a bulldog, and pursues that goal no matter what. I am not particularly good at that. I tend to be complacent, sometimes lazy, often a rubbernecker, happy just to observe life swarming around me. I try to stay physically and mentally healthy and use common sense, and try not to get punched in the nose and not to annoy or provoke the people I photograph. And when someone really doesn't want to be photographed, I don't do it. Live and let live. Perhaps that's how I'd sum up my credo."[12]

Only after a while did I realize that these words were somehow familiar to me. I picked my brain, did some research, and found the link. As it turns out, it was definitely not by chance. In an interview, the late photographer Pavel Štecha (1944–2004) said: "I'm not Josef Koudelka, who makes pictures that are like an artistic challenge for a number of people. And maybe I'm a bit afraid that I'd discover that it takes more work than I had thought. I may have a tendency not to attach too much importance to my work. I look at myself with more disrespect than respect. Maybe I should have been much more of a bulldog. I think two photographers of our generation understand that well: Jindrich Štreit, who is chronicling villages, and Bohdan Holomíček, who keeps a photographic diary."[13] Štecha, highly skeptical of himself, was an important Czech documentary photographer of his generation. He taught at FAMU when Němec was studying there, and they became friends. Together they then photographed Havel in late 1989. And after Štecha got cancer, Němec stayed in touch with him as long as it was possible, and even photographed him in the hospital. Visual precision of form, almost to the point of pedantry, is typical of Štecha's documentary photos of Communist Czechoslovakia. To me, Němec seems to be carrying on Štecha's work. And he's an important member of that small group of Czech documentary photographers who first gained notice in the 1980s, and in their own way followed on from Štecha, Holomíček, and Štreit, who were back then at the height of their creativity. He is one of the enduring handful of documentary photographers who are today between forty and fifty years old, and who became devoted to humanist documentary photography, never abandoning its ethos and visual principles, though they understandably applied them to their own ways of seeing and feeling. All subsequent generations of documentary photographers must in some way now take into account the rapid visual and technical developments that are leading to an emphasis on conceptualism, casting doubt on the veracity of depiction, and creative manipulation of the image.

"Digitization in particular has made everything accessible to everyone. I'm searching for the answer to the question of how to continue, of how not to be chasing my tail like a dog,"[14] says Němec. His career to date gives him, and us, reason to believe he won't let himself get caught in the centripetal circular movement that is lurking out there.

Josef Chuchma

Notes

1 The exhibitions were "Fotografie 70. let v ČSR" (Photography in the Czech Socialist Republic in the 1970s), held at the Galerie U Bílého jednorožce (White Unicorn Gallery), Klatovy, 2 September – 28 October 2007; "Husákovo 3+1: bytová kultura 70. let" (Husák's 3 Rms + WC: Interior Design of the Seventies), held at the Gallery of the Academy of Arts, Architecture and Design, Prague, 2–22 October 2007, and in the Procházka Hall of the Dům umění města Brna (Brno Art Centre), Brno, 6–31 December 2007; "'Kytky v popelnici': Společnost a móda v 70. letech v Československu"/"'Flowers in the Dustbin': Society and Fashion in Czechoslovakia in the Seventies," the Museum of Decorative Arts, Prague, 7 December 2007–24 February 2008; see the catalogue by Konstantina Hlaváčková, *"Kytky v popelnici": Společnost a móda v 70. letech v Československu/"Flowers in the Dustbin": Society and Fashion in Czechoslovakia in the Seventies*, intro. Pavel Kostík, trans. Anna Bryson, Prague: Museum of Decorative Arts and Naga, 2007.

2   Josef Moucha, "Fotogenie rezistence 1939–1989," in Josef Alan (ed.), *Alternativní kultura. Příběh české společnosti 1945–1989*, Prague: Lidové noviny, 2001, pp. 306–75.

3   The exhibition, entitled "9 & 9," comprised works by Jaroslav Bárta, Ivo Gil, Bohdan Holomíček, Daniela Horníčková, Bořivoj Hořínek, Vratislav Hůrka, Libuše Jarcovjáková, Ivan Lutterer, Jan Malý, Dušan Pálka, Miroslav Pokorný, Jiří Poláček, Zora Rampáková, Iren Stehli, Dušan Šimánek, Pavel Štecha, Jindřich Štreit, Pavel Vavroušek, and guests. It was held at the former Cistercian Abbey and Metternich estate, Plasy, beginning 26 September 1981.

4   The exhibition "37 fotografů na Chmelnici" showed works by Šimon Caban, Michal Cihlář, Gabina Fárová, Ivo Gil, Pavel Hečko, Bohdan Holomíček, Daniela Horníčková, Bořivoj Hořínek, Vratislav Hůrka, Libuše Jarcovjáková, Lukáš Jasanský, Lubomír Kotek, Ivan Lutterer, Jan Malý, Pavel Mára, Pavel Nádvorník, Tomki Němec, Michal Pacina, Dušan Pálka, Ivan Pinkava, Jan Pohribný, Miroslav Pokorný, Jiří Poláček, Martin Polák, Rudo Prekop, Jaroslav Prokop, Nadja Rawová, Jan Reich, Tono Stano, Vasil Stanko, Iren Stehli, Jaro Svitok, Pavel Štecha, Jindřich Štreit, Miro Švolík, Kamil Varga, and Peter Župník. It was held at the Junior klub Na Chmelnice, Prague, 18 September–15 October 1989.

5   Josef Chuchma, "Věrnost sobě," *Anna Fárová & fotografie/ Anna Fárová & Photography*, intro. Zuzana Meisnerová Wismer, trans. Derek Paton, Prague: Langhans Gallery Prague and PRO Langhans, 2006, p. 27.

6   Josef Chuchma, "Nejsem žurnalista!" *Lidové noviny*, 12 May 1990, p. 8.

7   For example, Pavel Štecha, *U nás: 1968–1990/In Our Country*, with articles by Ivan Hoffman and Antonín Dufek, trans. Derek Paton, Lomnice nad Popelkou: Studio JB, 2001; and Robert Silverio, *Karel Cudlín*, trans. Derek Paton, Prague: Torst, 2001.

8   Tomki Němec, *Václav Havel – Phototographs*, intro. Jacques Rupnik, trans. Derek Paton, Prague: Tomki Němec, 2001.

9   Tomki Němec and Michal Hladík (eds.), *Havel: Fotografie / Photographs*, with photographs by Karel Cudlín, Bohdan Holomíček, Jiří Jírů, Jaroslav Kučera, Jaroslav Krejčí, Tomki Němec, Alan Pajer, Pldřich Škácha, and Pavel Štecha; intro. His Holiness the Dalai Lama and Miloš Forman; quotations selected by Vilém Prečan and Pavel D. Vinklát; trans. Derek Paton, Liberec: Knihy 555, 2002.

10   For more on this, see Tomki Němec, "Sebrali mě a byl jsem na to sám: Fotograf Tomki Němec píše o své deportaci z Havany," *Respekt*, 2005, no. 21, p. 5.

11   These and other of Němec's photographs can be seen at http://www.digitalrailroad.net/tomkin/Default.aspx.

12   From interviews with Němec conducted by the author in the course of 2007.

13   Karel Hvížďala, "Měl jsem být větší buldok. Fotografii jsem se nedokázal úplně obětovat, říká při své mezibilanci dokumentarista Pavel Štecha," *Mladá fronta Dnes*, 8 December 2001, p. 6.

14   From interviews with Němec conducted by the author in the course of 2007.

Tomki Němec on the road

V roce 2007, kdy v České republice uplynulo osmnáct let od „sametového" převratu uskutečněného v listopadu a prosinci 1989, se v této zemi konalo hned několik poměrně velkých výstavních akcí, které již bez ideologických předsudků, s prvním vážnějším badatelským zájmem, rekapitulovaly českou vizuální kulturu sedmdesátých let, samozřejmě včetně fotografie.[1] Tedy kulturu desetiletí, které je v českých, potažmo v československých politických a kulturních dějinách dnes považováno za dobu temna, jež zalehlo zemi po nadějích šedesátých let a pražského jara 1968 především.

„Objevení" sedmdesátých let nezdá se být náhodné. Česká polistopadová demokracie dosáhla v roce 2007 symbolické plnoletosti – v tomto věku začíná být občan plně, tedy i právně zodpovědný za své činy. Ačkoli značná nespokojenost Čechů s politickou situací v zemi zdánlivě napovídá, že polistopadová republika do stadia dospělosti a odpovědnosti ještě nedošla, spodnější, méně viditelné či křiklavé vrstvy společenského dění k oné pomyslné hranici dospívají. Jedním z projevů tohoto stavu jsou zmíněné výstavy o sedmdesátých letech. K reflexi této doby, konkrétně jejího životního a vizuálního stylu, dochází ovšem i z prozaičtějších důvodů. Stále ještě se v českých domácnostech vyskytují předměty z oné doby a děti rodičů, kteří byli před třiceti a více roky ve svém nejproduktivnějším věku, jsou nyní dospělé a ptají se jich: Proč jste takto žili? Jak jste mohli? Tento generační jev – porozhlédneme-li se po světě, po zemích, které prošly traumatickými etapami svých dějin – je ostatně častý, ne-li obecný.

Soustřeďme nyní pozornost na českou fotografii v období takzvané normalizace (tento termín se ujal pro poměry, které připadaly normální moskevským stalinistům a jejich pražským přisluhovačům), tedy od přelomu šedesátých a sedmdesátých let do konce osmdesátých let minulého století. Správnější však bude říkat: na fotografii v českých zemích, protože její integrální součástí byla tvorba řady slovenských autorů, kteří přijeli do Prahy studovat a někteří z nich se zde posléze usadili a své české kolegy více či méně ovlivňovali. Musíme předeslat, že dosud neexistují souhrnné dějiny fotografie v českých zemích dvacátého století, natož období, o němž tu hovoříme. Existuje zatím jen několik dílčích studií v rámci souhrnnějších prací o kultuře či výtvarném umění oné doby. O jeden takový pohled se pokusil fotograf a fotografický teoretik a kritik Josef Moucha (nar. 1956) v publikaci Alternativní kultura – Příběh české společnosti 1945–1989.[2] Ve studii Fotogenie rezistence 1939–1989 Moucha načrtl i vývoj sociálního dokumentu v této etapě, přičemž v období normalizace zřetelně akcentoval fotografy, kteří na scénu vstoupili v sedmdesátých letech, řekněme své generační druhy. Ovšem jako se odlišoval politický a společenský i kulturní vývoj sedmdesátých let v Československu od vývoje v letech osmdesátých, jistou dynamiku vykazovala i umělecká fotografie, včetně dokumentu, který nás tu – vzhledem k protagonistovi přítomné publikace – speciálně zajímá. Kulturní posun mezi těmito desetiletími není v České republice dosud přesně analyzován. Pro naše potřeby jej můžeme jen letmo naznačit prostřednictvím dvou fotografických akcí.

Na podzim 1981 se v klášterním areálu v Plasích u Plzně uskutečnila možná vůbec nejdůležitější československá fotografická výstava v éře normalizace. Polooficiální, tedy médii úmyslně ignorovaná přehlídka 9 & 9, kterou kurátorsky zajistila mezinárodně respektovaná historička fotografie Anna Fárová a jejíž vernisáže se zúčastnil mimo jiné spoluzakladatel agentury Magnum Photos Henri Cartier-Bresson, byla demonstrací tvůrčí síly a víry v pravdivost realistické, nearanžované a sociálně směrované fotografie autorů narozených ve čtyřicátých a padesátých letech.[3] Na podzim 1989 Fárová instalovala do pražského Junior klubu na Chmelnici, tudíž opět do prostředí, které původně vůbec nebylo určeno k výstavním akcím, přehlídku 37 fotografů na Chmelnici.[4] Šlo o politicky vůbec nejotevřenější fotografickou expozici během dvaceti let normalizace. Bylo v ní už hmatatelně cítit společenské pnutí, které zhruba měsíc po skončení této výstavy explodovalo v „sametovém" převratu.

Výstava v Junior klubu na Chmelnici byla zajímavá hned z několika důvodů. Jestliže jsme již naznačili, že česká fotografie procházela v sedmdesátých a osmdesátých letech vývojem, který ta dvě desetiletí od sebe odlišil, pak se tato různost projevila právě při přípravě nadgenerační výstavy 37 fotografů na Chmelnici, kam kurátorka vybírala, jak to sama nazývala, „lvy a tygry". Oslovila autory vesměs humanisticky laděné fotografie z volného uskupení, které se prezentovalo v Plasích u Plzně, nově z téže generace přizvala některé tvůrce fotografie manipulované a režírované, a nadto se rozhlédla po čerstvé krvi, po fotografech české a slovenské generace narozené v šedesátých letech. „Plaským autorům se do toho nadgeneračního společenství moc nechtělo, prý se to k sobě nehodí. Proto je v katalogu ta zmínka o lvech a tygrech v jedné kleci," vzpomínala Anna Fárová později.[5] Zjednodušeně řečeno šlo o to, že poetika a v nejednom případě i tematika „mladých tygrů" se odlišovala od „lvů z Plasů", a to nejen u silné skupiny vyznavačů inscenované, v podstatě postmoderně kreativní fotografie, kteří se formovali především na pražské FAMU, nýbrž i u dokumentaristů. Ti přímočařeji zobrazovali občanské dění, vyznění jejich děl bylo nejen obecně angažované, nýbrž i zřetelně politické, protirežimní. A jedním z oněch „37 fotografů na Chmelnici" byl i Tomki Němec.

Daleko dříve než fotografem byl Tomki Němec homo politicus. Politiku, její projevy a důsledky, vnímal od raného dětství, kdy o fotografii ještě neměl nejmenší potuchy. Stalo se tak například díky tomu, že jeho otec, ačkoli nebyl členem Komunistické strany Československa, mohl v liberálnějším roce 1968 odcestovat za prací do zahraničí, do Egypta. Tomki odjel ve svých pěti letech s rodiči ze země, která žila nadějemi na přívětivější politické poměry, a o čtyři roky později se vrátil do státu, v němž veškeré naděje byly na dlouhou dobu ztraceny, zatlačeny do země pásy sovětských okupačních tanků. Kromě toho v egyptské Alexandrii poznal kulturní a sociální jinakost, jiný svět, než byl ten pražský, středoevropský. Obě tato vtisknutí do dětské mysli se později ukázala být pro jeho fotografickou tvorbu důležitá, ne-li určující.

Svou první fotografii publikoval sice již v patnácti letech, v týdeníku Mladý svět, ale to ještě nešlo o vědomou tvorbu, nýbrž o vedlejší produkt Tomkiho – tehdy ve společnosti rozšířené – trampingové záliby, jíž byla v tomto časopise věnována pravidelná rubrika. Vůle a touha po fotografické výpovědi se u něho dostavila až v následujícím desetiletí. Němec opakovaně zdůrazňuje iniciační úlohu profesora Jána Šmoka (1921–1997), který kromě toho, že působil na FAMU jako vedoucí katedry fotografie, vedl v Praze pro amatérské zájemce takzvanou školičku, kam docházel i Tomki. Šmok jeho první snímky, které mu donesl ukázat, sroloval do ruličky, namířil skrze ni svůj zrak na mladého adepta a pravil: „Ty foť něco jiného!"[6] Učinil tak jako u většiny žáků, kteří přišli poprvé a které tímhle způsobem zdravě „trýznil". Tehdy se projevily Tomkiho zaťatost a vytrvalost, vlastnosti, bez nichž je jeho fotografická dráha nemyslitelná. Nevzdával se, vzdělával se, a na FAMU „ke Šmokovi" byl přijat – napoprvé, ačkoliv šlo o školu, která vzhledem k nízkému počtu přijímaných uchazečů byla téměř nedobytnou pevností, za jejímiž hradbami ovšem vládla na tehdejší sešněrované poměry liberální atmosféra.

Coby studentovi fotografie se mu do cesty opět postavila politika. Nyní však už nebyl dítětem a bezbranným pozorovatelem, nýbrž aktérem, přičemž – jako nejeden další český tvůrce druhé poloviny osmdesátých let – se pohyboval mezi oficiální a neoficiální scénou. Přihlásil se do konkurzu na místo fotografa v oficiálním týdeníku Mladý svět, ale zároveň se ocitl v okruhu pražských samizdatových časopisů Revolver Revue, Sport a Jazzstop, které připravovali Tomkiho vrstevníci z disidentských kruhů. A protože pravidelně fotografoval na veřejných protestních akcích, které v Praze odstartovaly 21. srpna 1988, v den dvacátého výročí sovětské okupace, zaměřila i na něj pozornost komunistická Státní bezpečnost. Takzvaně „začali o něm vědět“. Jednou mu při demonstraci nacvičeným grifem protrhli závěrku jeho nikona, jindy, když v Lánech u Prahy fotografoval, jak disidenti pokládají věnce na hrob zakladatele československého státu T. G. Masaryka, přišel o filmy a policisté jej odvezli kamsi na Rakovnicko do lesa a tam jej zanechali jeho osudu. Studia na FAMU byl donucen přerušit. Svým způsobem to přivítal, protože od výuky čekal něco jiného i něco víc, táhlo jej to k dokumentární fotografii a ateliérová cvičení mu k srdci nepřirostla.

První dva oddíly obrazové části přítomné publikace představují výsek z tvorby, která vznikla v tomto pro autora tak intenzivně a mnohostranně formativním období. Od trampů, které Tomki Němec fotografoval coby jeden z nich, s citem pro typické situace, a přitom již s tíhnutím k pečlivě komponovanému obrazu, až k riskantně pořízenému snímku soudního dvora, na němž je policisty veden jeden z hlavních odpůrců komunistického režimu, básník a esejista Ivan Martin Jirous, řečený Magor, uplynulo jen několik málo let. Během nich Tomki Němec rostl ve fotografa společensky angažovaného a kritického.

Jestliže jsme v úvodu upozornili na to, že současná česká společnost přehodnocuje a v nejednom případě vlastně i objevuje tvorbu a styl sedmdesátých let, potom před ní stojí obdobná rekapitulace let osmdesátých. Pochopitelně existují fotografové-dokumentaristé, kteří záběry z této dekády ve svých knihách v minulých letech již publikovali,[7] ale právě příklad Tomkiho Němce, jeho deziluzivních pohledů na české země té doby, ukazuje, že na zveřejnění a docenění v šuplících fotografů zřejmě ještě leccos čeká.

Český divák s alespoň určitou historickou pamětí by si zřejmě i bez nápovědy v obrazové části této knihy povšiml jemnosti, na níž stojí za to explicitně upozornit zahraničního čtenáře. Tomki Němec se v roce 1989 na pražském Staroměstském náměstí na dva metry přiblížil k prezidentovi komunistického

Československa Gustávu Husákovi: symbolicky se jeho tvář nachází poloskrytá za hradbou těl vysoce postavených soudruhů a osobní ochranky. A ještě v témže roce, 29. prosince, exponoval záběr, na němž si Václav Havel u sebe doma připravuje inaugurační projev – v ten den bude on zvolen prezidentem Československa. A několik dní po slavnostním 29. prosinci 1989 se Tomki Němec, který se k dokumentaci Havla přihlásil ve studentské agentuře Radost jen pár dní před prezidentskou volbou, stane osobním Havlovým fotografem. Vydrží jím být až do Havlovy abdikace v létě 1992 – slavný politik tehdy již nechce být hlavou státu, který se 1. ledna 1993 rozpadne na dvě samostatné republiky. Později se Němec k dokumentaci Havlova výkonu prezidentské funkce – nyní už coby hlavy českého státu – na Pražský hrad na pozvání vrací, ale vždy už jen na čas, neboť se chce věnovat svým vlastním projektům.

Devět „havlovských" fotografií v této Němcově monografii se může jevit jako příliš skromné zastoupení etapy, jíž na sebe Tomki jak ve své vlasti, tak zejména za jejími hranicemi nejvýrazněji upozornil – včetně čestného uznání v prestižní soutěži World Press Photo za snímek Václava Havla, kterého při návštěvě Portugalska zaskočila mořská vlna, když se procházel po pláži. Dokonce ani tento záběr se ve svazku, který držíte v ruce, nenachází. Zde zastoupená sestava má ale své autorské důvody a oprávnění. Za prvé: Němec už jednu knihu fotografií Václava Havla nejen publikoval, nýbrž si ji i vlastním nákladem vydal,[8] a na další publikaci snímků tohoto státníka se výrazně podílel jako obrazový editor i autor.[9] Za druhé: monografie v edici Fototorst zahrnuje tvorbu vzniklou v rozmezí zhruba dvaceti let, zatímco nejintenzivnější „havlovské" období trvalo necelé tři roky; v tomto světle je devítka fotografií odpovídajícím dílem celku. A za třetí: skladba tohoto oddílu v sobě nepostrádá ironickou zkratku a laskavou kritičnost. Nejprve, na počátku prezidentské éry, je Havel jako miláček davů, bezmála „otec" osvobozeného lidu. Tato fáze je ukončena kolektivním portrétem mluvčích občanské iniciativy Charta 77, která – ač se deklarovala jako sdružení veskrze nepolitické – byla nejsilnější opoziční politickou silou v zemi od svého vyhlášení v lednu 1977 až do roku 1989; v roce 1992, už ve svobodných poměrech, signatáři rozhodli o ukončení činnosti Charty a tento kolektivní portrét je snímkem na rozloučenou. V následujících fotografiích prezidentského noneta se přesmykáme do zcela jiné éry v životě Václava Havla, české kultury i celé české společnosti. Jedenáct let poté, počátkem roku 2003, končí Havlovo poslední funkční období coby hlavy státu. Prezident se loučí na slavnostním večeru v Národním divadle v Praze a jakýsi drzý prim zde hrají populární umělci, kteří tutéž roli hráli už v režimu, který z Václava Havla učinil politického vězně. Nejspíš proto se v knize objevuje fotografie, která vznikla těsně po slavnostním večeru v Národním divadle a v jejímž středu se usmívá „věčný" nejpopulárnější český zpěvák Karel Gott.

Hodina pravdy pro Tomkiho Němce-fotografa nastala v okamžiku, kdy přešel na konci roku 1992 z angažmá na Pražském hradě na volnou nohu. Nejenže si musel najít nějaký existenční zdroj, nýbrž musel si formulovat, co autorsky dál dělat. Kolotoč státnických protokolů mu předtím vcelku striktně určoval námět a zaplňoval čas. Nyní se před ním objevila téměř bezbřehá volnost, v níž musel najít sebe sama. Nejeden z autorů, kteří přispívají ke vztahové malichernosti české fotografické obce, na tenhle okamžik čekal se zlomyslnou zvědavostí – jakpak obstojí prominent, který se dva a půl roku „motal kolem Havla"? Tomki v téhle zkoušce obstál. Uplatnil se v mezinárodním měřítku jako fotoreportér, aniž by rezignoval na volnou tvorbu. Když se roku 1994 spontánně vypravil na Kubu, vyburcován zprávami o tamějších poměrech, v jakémsi autorském vytržení, se zjitřeným zrakem přivezl soubor výtečných expresivních záběrů, které porota soutěže World Press Photo poctila jednou z cen.

Na tomto místě musím přejít do vyloženě osobního tónu a hodnotu Němcových kubánských fotografií a občanského postoje, který je s nimi nedělitelně spjat, přiblížit na osobní zkušenosti. Jednoho českého fotoreportéra, o němž jsem věděl, že na Kubě rovněž pracoval a snímky kupříkladu tamějších mladých boxerů publikoval, jsem požádal o ilustrační záběr k článku, který byl kritický vůči režimu Fidela Castra. Fotoreportér mi odpověděl, že nebude Castrovu moc provokovat, protože ona pečlivě sleduje, co kdo kde publikuje, a protože on hodlá na Kubu dál jezdit, žádný záběr, který by byl zveřejněn v kritickém kontextu, neposkytne. V květnu 2005 se Tomki vypravil na Kubu znovu, tentokrát nejen jako fotograf, nýbrž i jako spojka vezoucí ostrovním disidentům materiální podporu; Castrovi pohůnci jej ihned na letišti zadrželi a poslali stejným letadlem zpět do Prahy.[10]

Když se, obrazně řečeno, Němec vrátil v roce 1993 ze státnických salonků do všednosti českých ulic, nacházel lidi pohlcené materiálními novotami, hmotařským rozkošnictvím, občany rozptýlené do všemožných životních strategií a názorových i duchovních směrů. Fotografovu pozornému zraku neunikla

názorová zmatenost, marketingem dirigovaná stádnost či trvající náklonnost
k těm životním návykům, které lidem vtiskla komunistická epocha. Všímal si
situací, které prozrazovaly, že čeští občané se svobodě teprve učí, že v ní drtivá
většina z nich nevyrostla nebo ji už zapomněla. A když vyjížděl do samostatného sousedního Slovenska, potkával tam ještě paradoxnější srážky kultur, tradic
a prvků národních i nacionalistických s kosmopolitními, neboť slovenský národ
se emancipačně nacházel v jiné fázi než národ český a jeho novodobé dějiny
byly syceny překotnou industrializací, která logicky nestačila prosáknout do
podloží tamější kultury.

Obdobný paradox se mi zdá být přítomný i v samotném autorovi. Sní
o nenávratně odešlých „starých dobrých" časech, s fotografickým kolegou a přítelem Karlem Cudlínem si cvičně a s nadsázkou představují, jak by exponovali
třeba záběr, na němž letí vzducholoď, pod ní jede parní vlak a po cestě důstojně
kráčí pán s buřinkou. Je-li to jen pro vlastní potřebu, nadále – dnes už vlastně
trochu „staromilsky" – fotografuje na filmový materiál. To mu však nebrání
v zájmu o technologické novinky: naučil se je ovládat stejně dobře jako předtím
klasický černobílý fotografický proces.

Esencí odcházejícího světa a cestou proti proudu času je závěrečný oddíl této monografie, sestávající z prací, které Němec exponoval na rumunském
území pohoří Banát, v obcích, kde žijí potomci českých misionářů, kteří se do
tohoto kraje vypravili v první třetině 19. století po Dunaji proto, aby se na samém
okraji tehdejší rakousko-uherské říše usadili a začali těžit dřevo. Zachycené výjevy dostávají archetypální dimenze, nesklouzávají však do bukolické idyličnosti.
Kompozice zde ctí prostotu motivů, okamžiky existence jsou tu fotografem
z reality daleko méně než kupříkladu pražské záběry vytrženy a „uloupeny" –
v Banátu jsou jím jen jemně sejmuty. Samotná příčina toho, proč Tomki podniká
výpravy do Banátu, však není ani v nejmenším misionářská či národně uvědomovací. Pokud to jen trochu jde, Tomki cestuje pryč z České republiky, aby nemusel
řešit nic z toho, co na něj doléhá a nárokuje si jej doma, aby nepotkával stále
stejné prostředí a tytéž lidi. Tomki potřebuje být občas „on the road", musí se
rozplynout v nezprůmyslněné krajině. Právě v Banátu takové prostředí nachází.

Ačkoliv nejsou obrazově zastoupeny v této knize, zmínku si zasluhují snímky
z Balkánu, přesněji řečeno z Kosova, kam Tomki jezdí od roku 2000.[11] V kosovských
snímcích se otevřeněji než v senzitivních pozorováních „malých", každodenních

výjevů na půdě vlasti a sousedního Slovenska projevuje Němcova umělecká angažovanost a političnost. Nikoli že by svými kosovskými snímky aktivisticky deklaroval konkrétní politický názor; fotografuje zde s porozuměním pro strádání těch, kteří nesou důsledky politiky, jejíž ambicí je pokořit, oddělit a panovat, nikoli spravovat a sjednocovat. Taková politika, ač si nárokuje pravomoci rodičů, kteří stůj co stůj vychovávají a vedou za ruku své děti, zákonitě rodí zástupy ponížených, uražených a bezprizorných. O ty jde Němcovi především. Na jeho snímcích z Kosova se v nejednom případě objevují zničené stavby a popálená území, ale Tomki ani v nejmenším není a nechce být válečný fotograf. Na to nedisponuje potřebnými hmotnými zdroji, ani na to nemá náturu; koneckonců do Kosova se vrací i kvůli přírodě, kvůli tomu, že to území je, jak říká, „jeden veliký venkov".

Specifickým a v rámci českých poměrů výjimečným druhem tvorby je Němcova systematická spolupráce s nadací telekomunikační firmy Telefónica O2 (dříve Eurotel). Tomki dokumentuje život klientů neziskových organizací a nadací, které pomáhají sociálně, tělesně či mentálně postiženým lidem. Výsledkem jsou soubory výstavních zvětšenin, které Nadace O2 uchovává jako fotografickou sbírku a využívá ji k propagaci neziskového sektoru ve veřejném životě – na výstavách, na internetu, v médiích a ve výročních zprávách.

Tomki Němec poměrně často – nejen na Balkáně – zaměřuje objektiv na „věčné" symboly a konfrontuje je s aktuální realitou. Prakticky vždy jsou to konfrontace kritické a někdy vyloženě temně laděné. Ostatně kritičnost lze považovat za bytostnou vlastnost té dokumentární fotografie, o niž Němec usiluje. Nadto je člověkem obezřetným, kritickým a možná nejvíc ze všeho sebekritickým, i když ne každý, kdo se s ním potká, tohle prohlédne nebo si to připustí. Ve světle toho, co jsme tu o něm načrtli, vyznívají s půvabným paradoxem následující slova: „Závidím všem, kteří mají jasný cíl a povahu buldoka jdoucího stůj co stůj za svým. Já tohle moc neumím. Jsem spíš pohodlnější, občas lenoch, často zevloun, jehož baví pozorovat okolní hemžení. Snažím se zachovat si psychické i fyzické zdraví a taky soudnost, nedostat přes držku, neobtěžovat a neštvat lidi, které fotím. A když někdo vyloženě nechce, abych ho fotografoval, nefotím ho. Žij a nech žít, snad tak bych mohl formulovat svoje krédo."[12]

Až po čase mi došlo, že v něčem jsou mi ty věty povědomé. Lovil jsem v paměti, hledal v archivech a našel tu spřízněnost, a – jak se ukázalo – rozhodně ne náhodnou: „Nejsem Josef Koudelka, který dělá obrazy, které fungují jako výtvarná výzva pro řadu dalších lidí. A možná se toho trochu bojím, abych nepřišel na to, že to je ještě nehotovější, než si myslím. Mám asi příliš tendenci svým fotografiím nedávat velkou váhu. Dívám se na sebe spíš s větším despektem než s respektem,“ řekl v jednom interview fotograf Pavel Štecha (1944–2004). „Asi jsem měl být daleko větší buldok. Myslím, že tohle dobře pochopili dva fotografové z naší generace: Jindra Štreit, který dělá kroniku vesnice, a Bohdan Holomíček s jeho fotografickým deníkem.“[13] Štecha, velký pochybovač o sobě samém, byl významným českým dokumentaristou své generace. Pedagogicky působil na FAMU, když na ní Tomki studoval, spolu fotografovali Václava Havla na konci roku 1989… Spřátelili se, Němec byl se Štechou, který onemocněl rakovinou, v kontaktu do té doby, dokud to bylo možné, fotografoval jej i v nemocnici. Obrazová preciznost, až jistá formální pedanterie byla pro Štechovy dokumenty z komunistického Československa typická. Tomki Němec se mi zdá být jeho volným pokračovatelem. A je důležitým příslušníkem té nepočetné skupiny českých dokumentaristů, kteří se ke slovu přihlásili v osmdesátých letech a po svém navázali právě na Štechu, Holomíčka či Štreita, kteří tehdy prožívali svá vrcholná tvůrčí období. Náleží k té vytrvalé hrstce dokumentaristů, jimž je dnes už mezi čtyřiceti a padesáti lety a kteří ještě oddaně vyrůstali na humanistickém dokumentu a nikdy se jeho étosu a vizuálního principu nezřekli, byť si jej pochopitelně aplikovali pro své vidění a cítění. Všechny následující generace dokumentaristů již něčím reflektují překotný vizuální a technický vývoj, který s sebou u fotografických výpovědí nese důraz na koncept, na zpochybňování věrohodnosti zobrazení, na kreativní manipulaci s obrazovým záznamem.

„Zvláště digitalizace zpřístupnila všechno všem. Hledám odpověď na otázku, jak dál, jak se netočit v kruhu a nehonit se za ocasem jako pes,“[14] říká Tomki Němec. Dosavadní autorská dráha dává jemu i nám naději, že se do toho číhajícího a vtahujícího kruhu nenechá lapit.

Josef Chuchma

Poznámky

1 *Fotografie 70. let v ČSR*, Klatovy, Galerie U Bílého jednorožce, 2. 9.–28. 10. 2007. *Husákovo 3+1: bytová kultura 70. let*, Praha, Galerie VŠUP, 2. 10.–22. 10. 2007, Brno, Dům umění města Brna – Procházkova síň, 6. 12.–31. 12. 2007. *„Kytky v popelnici“ – Společnost a móda v 70. letech v Československu*, Praha, Uměleckoprůmyslové museum, 7. 12. 2007–24. 2. 2008.

2 *Alternativní kultura. Příběh české společnosti 1945–1989*, editor Josef Alan, Praha, Nakladatelství Lidové noviny, Praha 2001, s. 306–375.

3 *9 & 9*. Jaroslav Bárta, Ivo Gil, Bohdan Holomíček, Daniela Horníčková, Bořivoj Hořínek, Vratislav Hůrka, Libuše Jarcovjáková, Ivan Lutterer, Jan Malý, Dušan Pálka, Miroslav Pokorný, Jiří Polá

ček, Zora Rampáková, Iren Stehli, Dušan Šimánek, Pavel Štecha, Jindřich Štreit, Pavel Vavrou-
šek a hosté. Plasy, bývalý cisterciácký klášter, 26. 9. 1981 – konec výstavy nezjištěn.

4   *37 fotografů na Chmelnici.* Šimon Caban, Michal Cihlář, Gabina Fárová, Ivo Gil, Pavel Hečko, Bohdan Holomíček, Daniela Horníčková, Bořivoj Hořínek, Vratislav Hůrka, Libuše Jarcovjáková, Lukáš Jasanský, Lubomír Kotek, Ivan Lutterer, Jan Malý, Pavel Mára, Pavel Nádvorník, Tomki Němec, Michal Pacina, Dušan Pálka, Ivan Pinkava, Jan Pohribný, Miroslav Pokorný, Jiří Poláček, Martin Polák, Rudo Prekop, Jaroslav Prokop, Nadja Rawová, Jan Reich, Tono Stano, Vasil Stanko, Iren Stehli, Jaro Svitok, Pavel Štecha, Jindřich Štreit, Miro Švolík, Kamil Varga, Peter Župník, Praha, Junior klub na Chmelnici, 18. 9.–15.10. 1989.

5   *Anna Fárová & fotografie*, Praha, Langhans galerie Praha – PRO Langhans 2006, s. 27.

6   Josef Chuchma: Nejsem žurnalista!, *Lidové noviny*, 12. 5. 1990, s. 8.

7   Například Pavel Štecha: *U nás: 1968–1990*, Lomnice nad Popelkou, Studio JB 2001; Robert Silverio: *Karel Cudlín*, Praha, Torst 2001.

8   Tomki Němec: *Václav Havel – Phototographs*. Introduction by Jacques Rupnik, Praha, Tomki Němec 2001.

9   *Havel: Fotografie / Photographs*, Liberec, Knihy 555 2002.

10 Blíže o tom v textu Sebrali mě a byl jsem na to sám – Fotograf Tomki Němec píše o své deportaci z Havany, *Respekt*, 2005, č. 21, s. 5

11 Tyto a další autorovy snímky jsou k prohlédnutí na internetu, na adrese www.tomkin.cz a na http://www.digitalrailroad.net/tomkin.

12 Z rozhovorů s autorem této statě, které probíhaly v průběhu roku 2007.

13 Karel Hvížďala: Měl jsem být větší buldok. Fotografii jsem se nedokázal úplně obětovat, říká při své mezibilanci dokumentarista Pavel Štecha, *Mladá fronta Dnes*, 8. 12. 2001, s. 6.

14 Z rozhovorů s autorem této statě, které probíhaly v průběhu roku 2007.

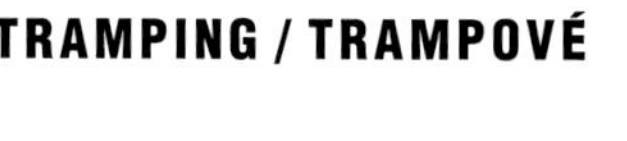

TRAMPING / TRAMPOVÉ

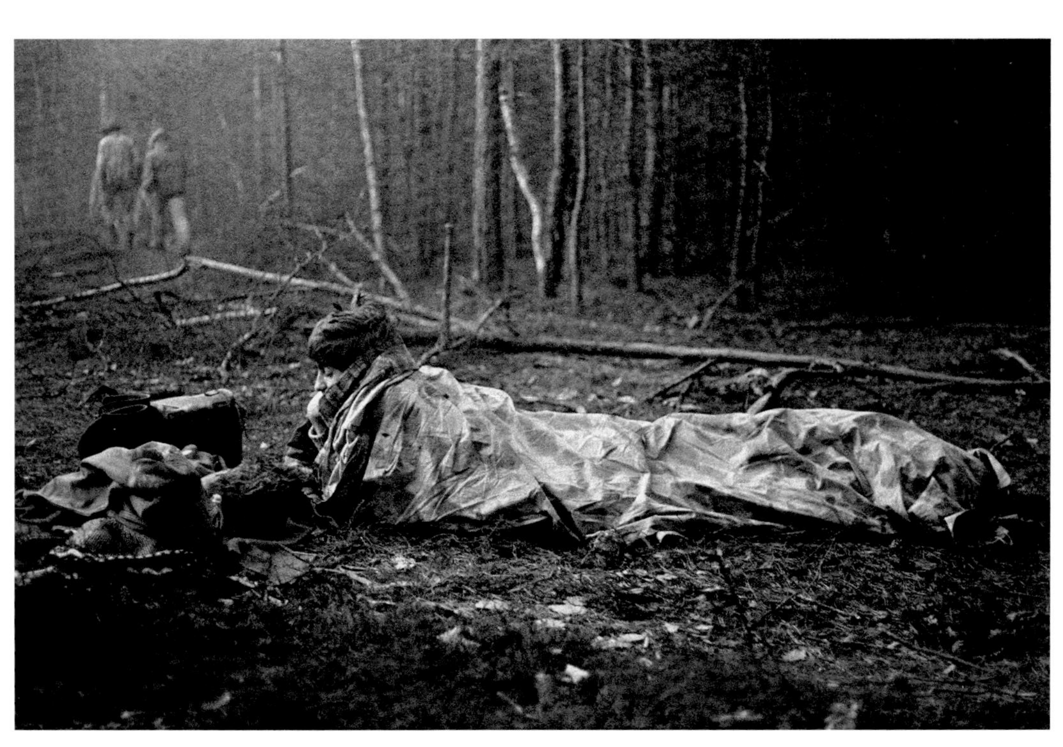

1 **Helfenburk (Hrádek u Úštěka)** 1985

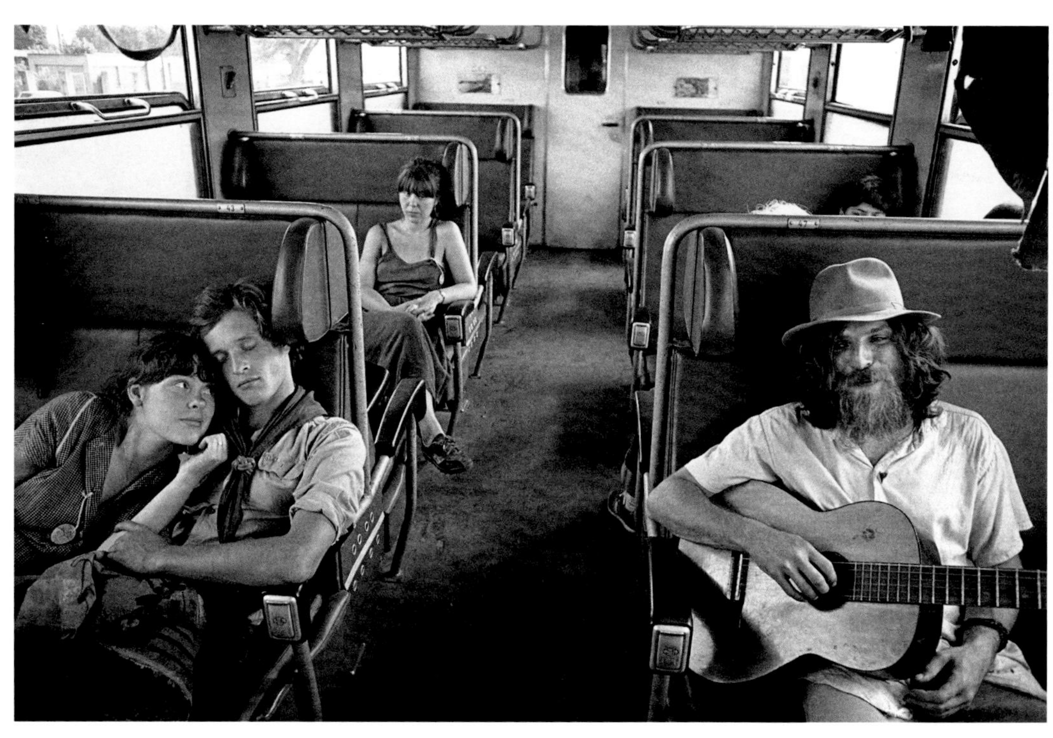

2 **Čerčany** 1986

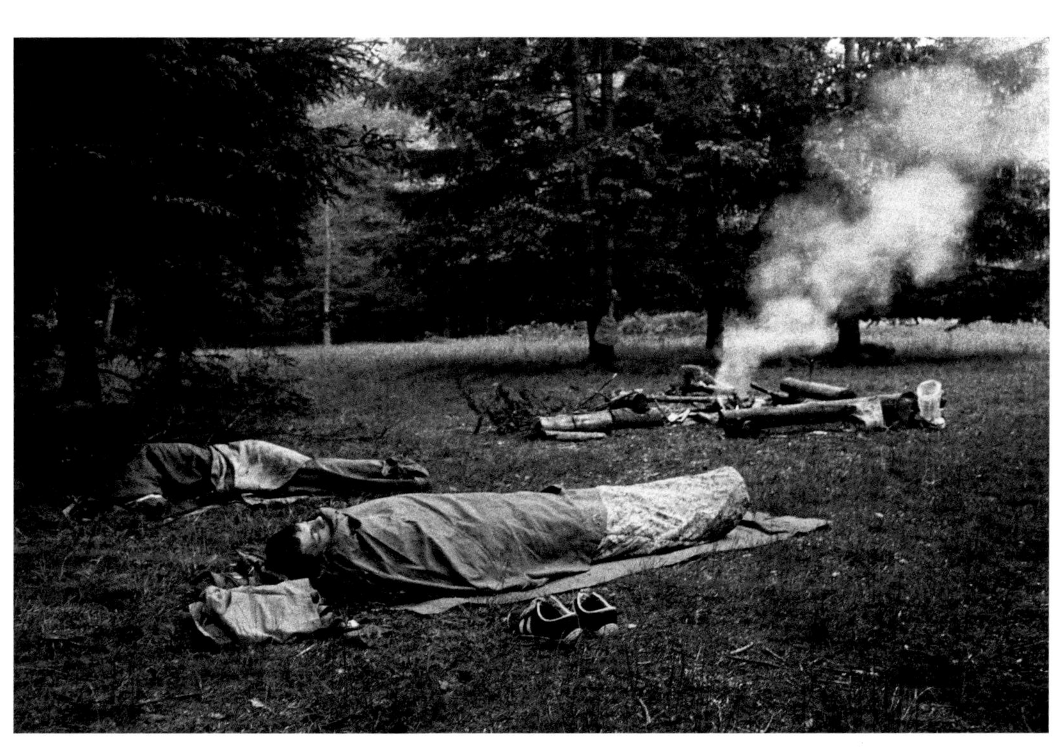

3 **Křivoklátsko** 1985

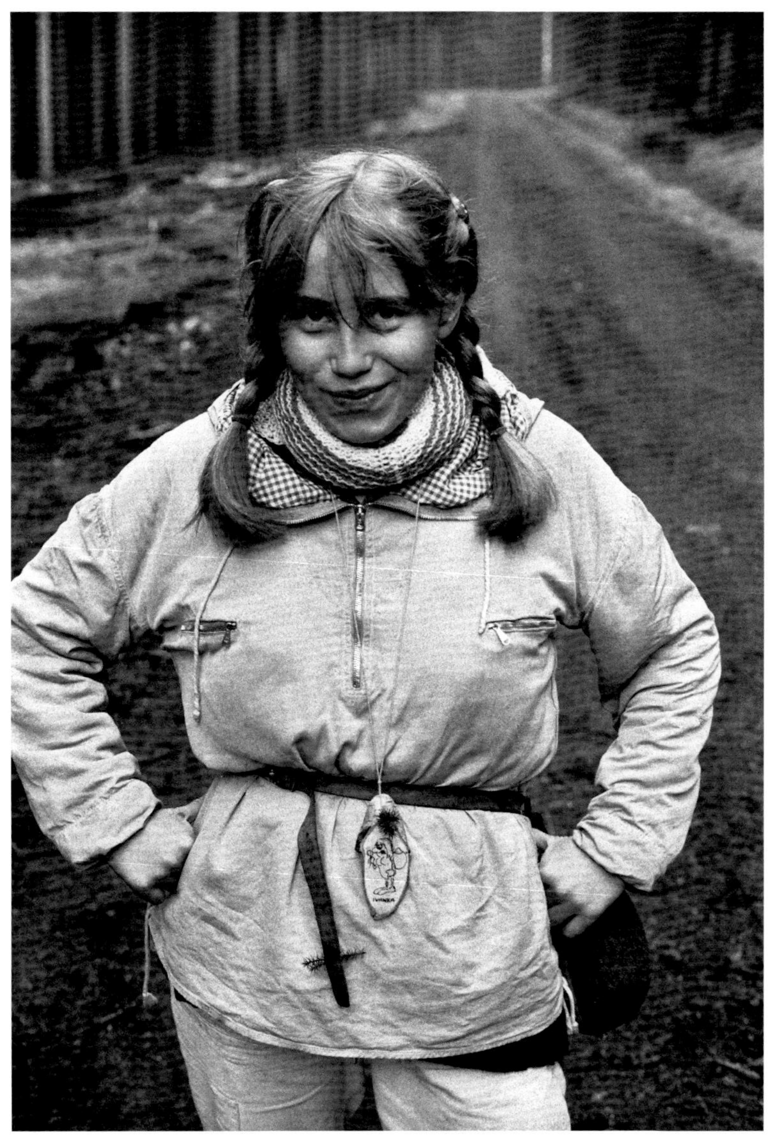

4 **Brdy** 1983

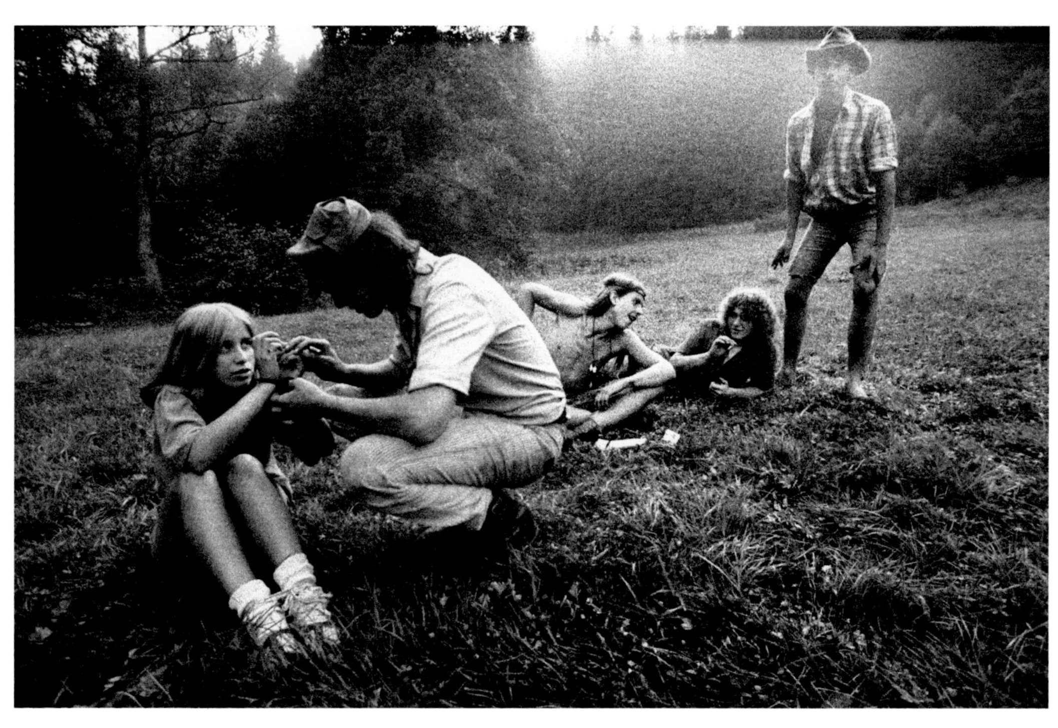

5 **Kácov** 1984

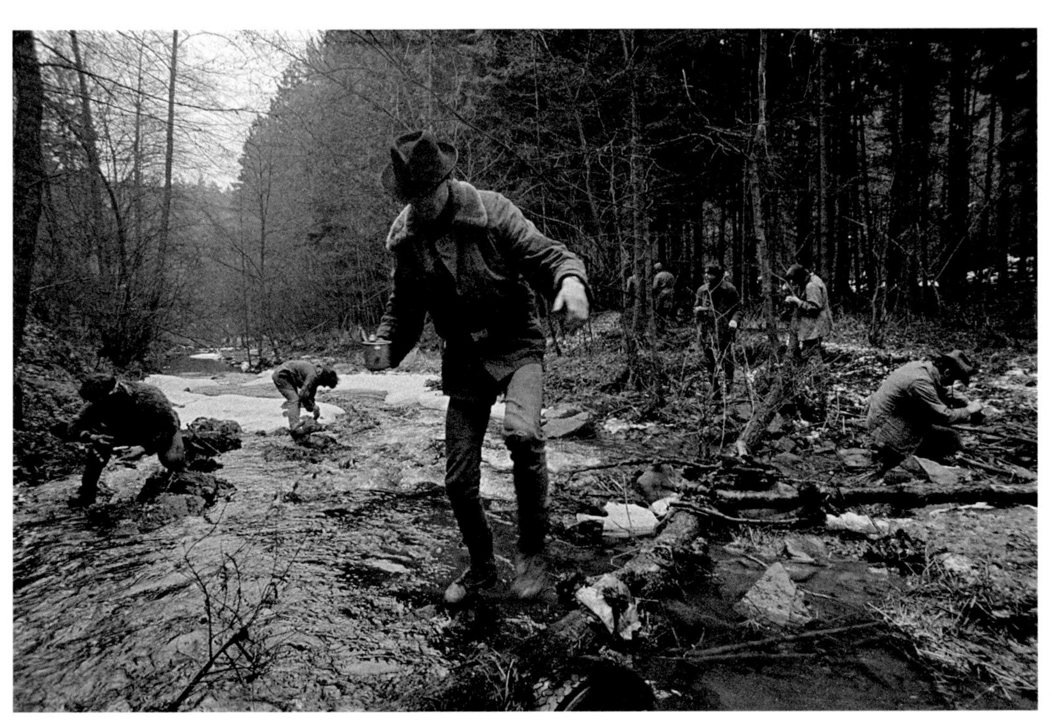

6 **Klínec** 1985

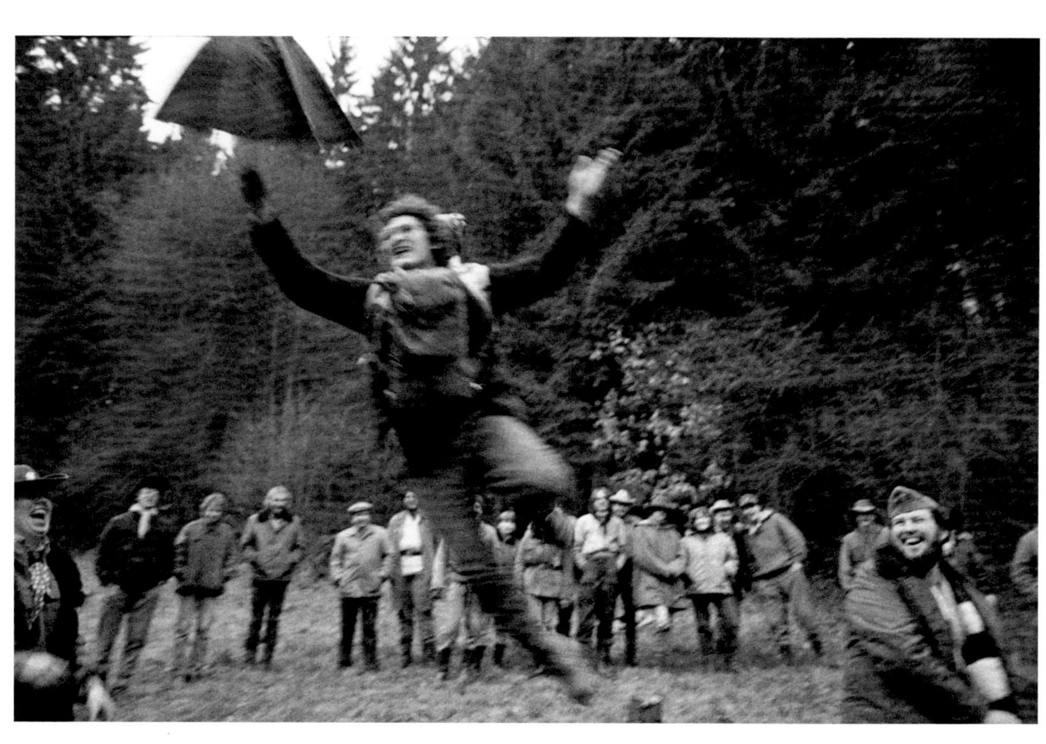

7 **Near the Sázava / Posázaví** 1987

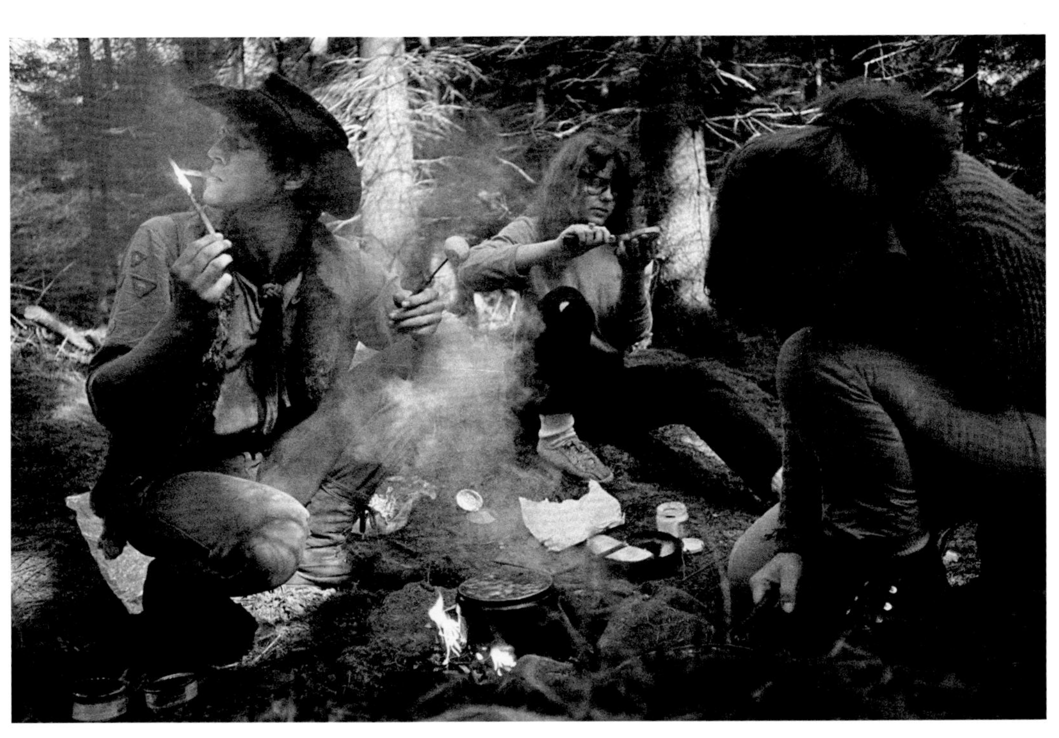

8 **Janova zátoka** 1986

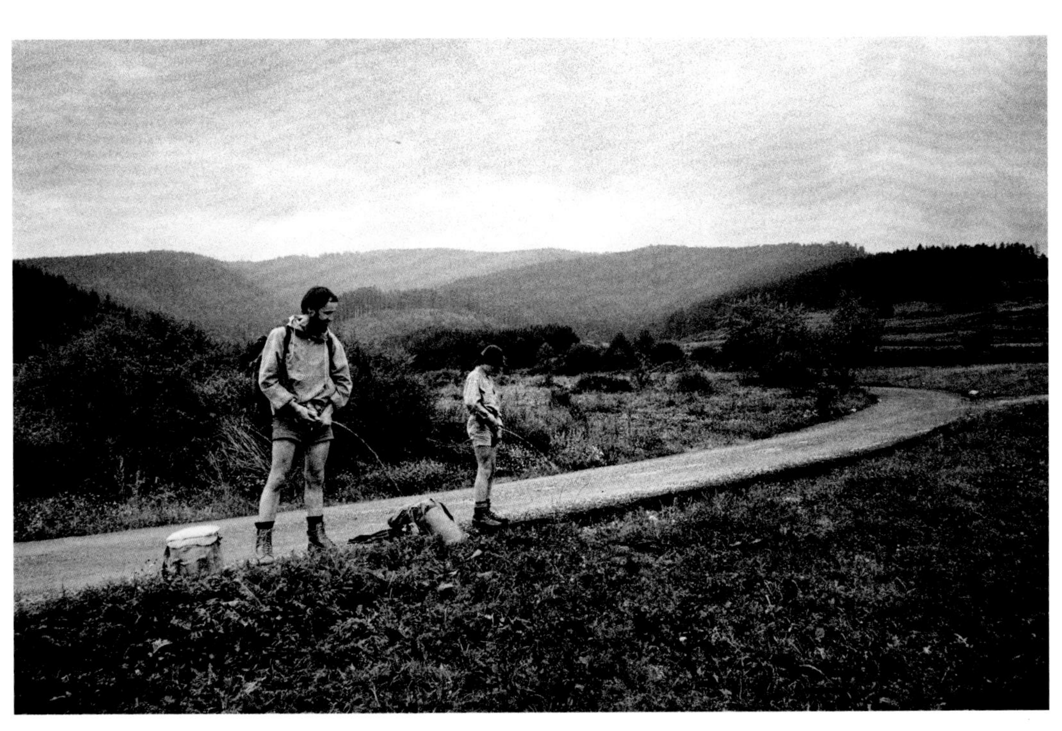

9 **The Low Tatras / Nízké Tatry** 1988

THE CZECHOSLOVAK SOCIALIST REPUBLIC / ČSSR

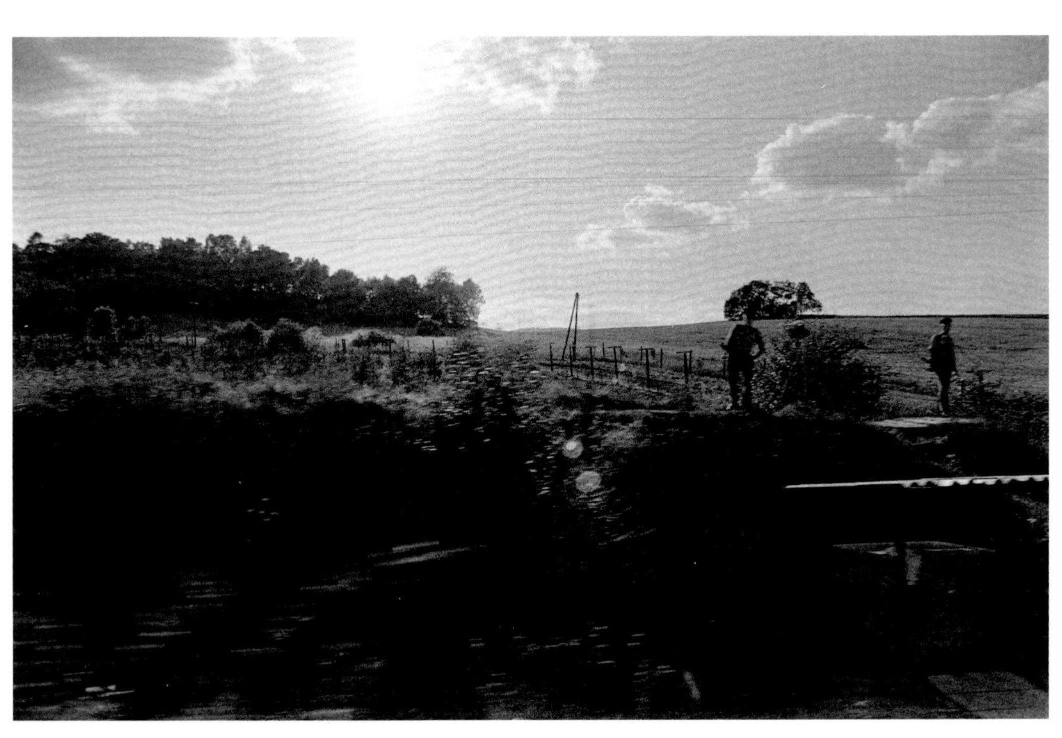

10 Czechoslovak-West-German Border / Hranice ČSSR a SRN 1988

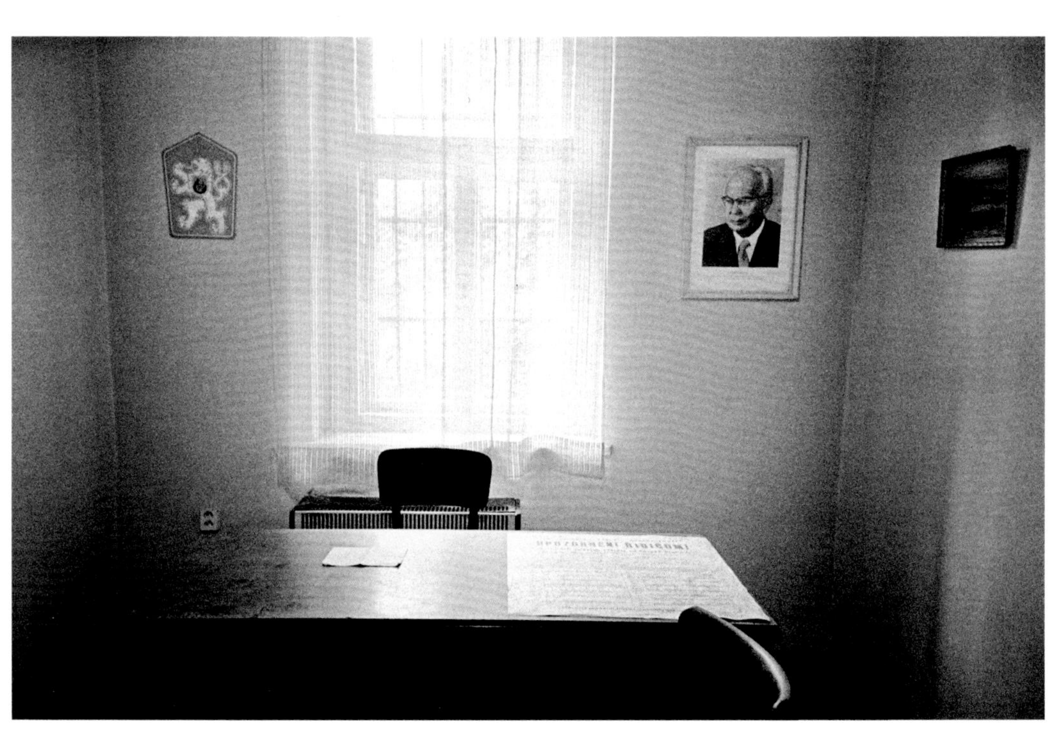

11 **Prague / Praha** 1988

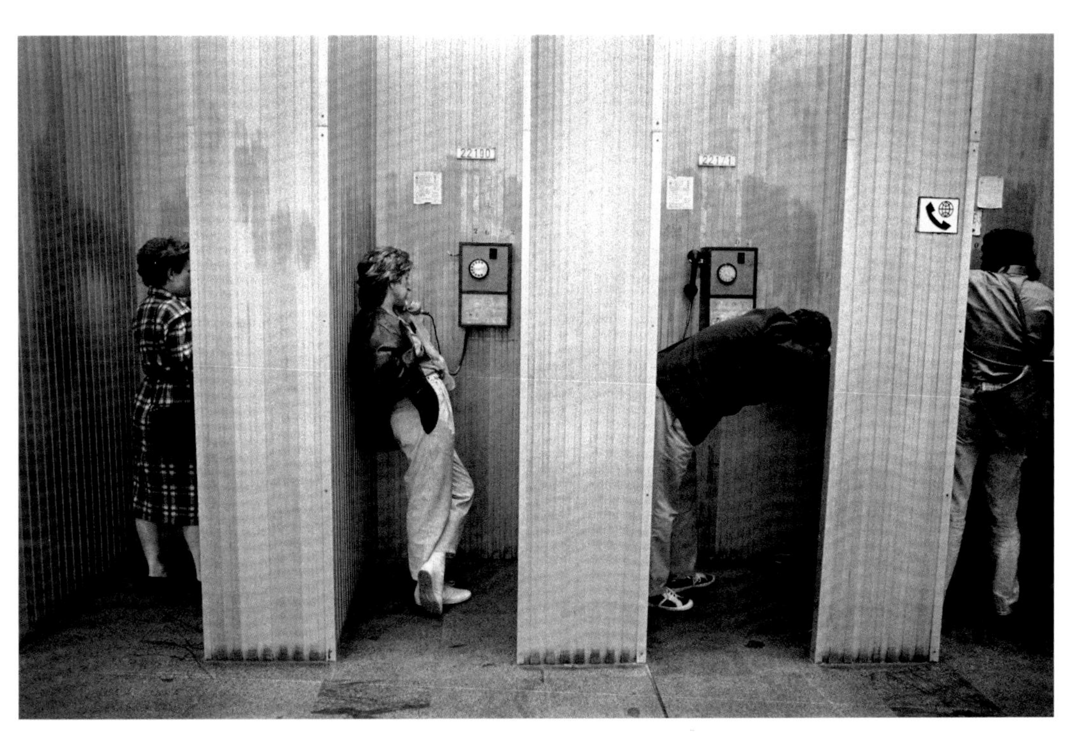

12 **Prague / Praha** 1988

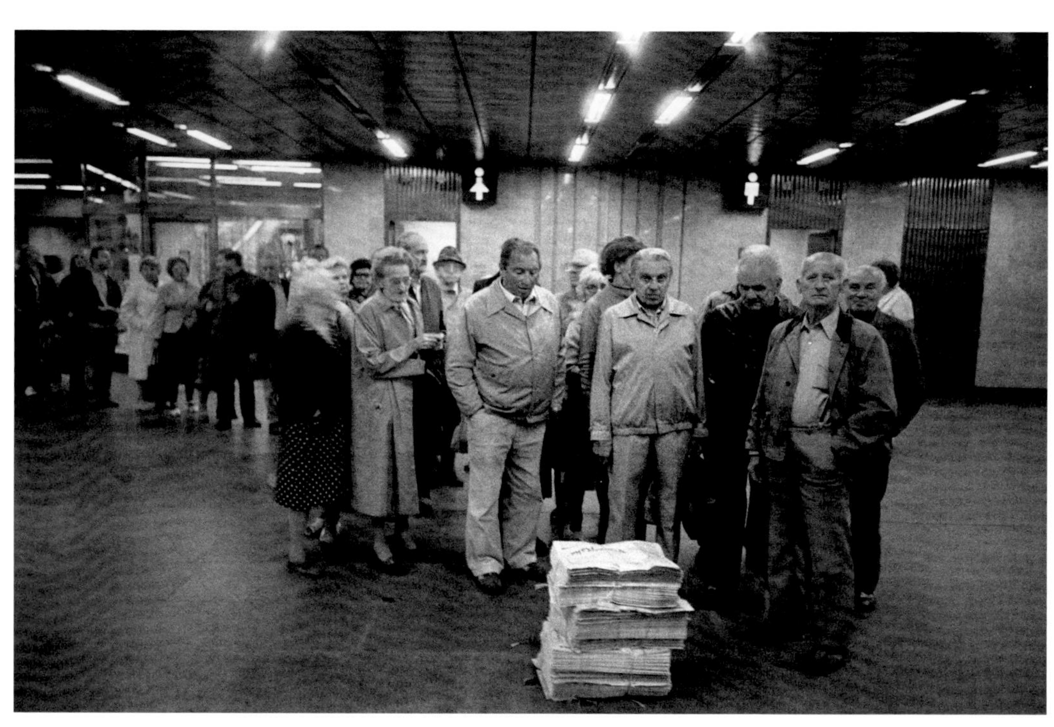

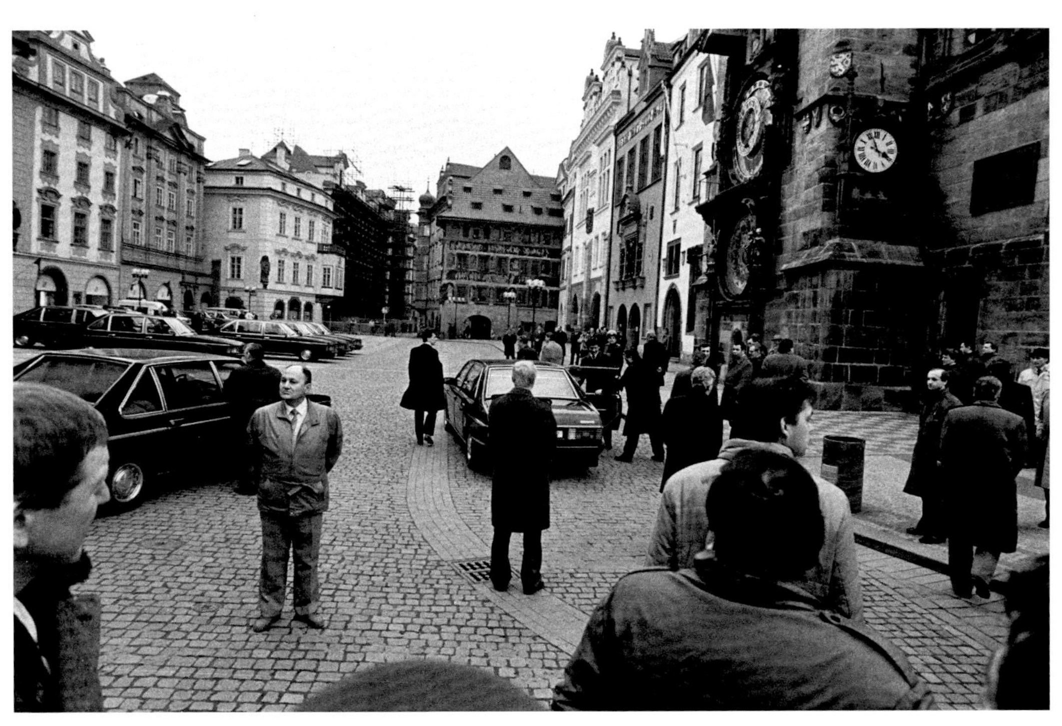

14 **Prague / Praha** 1989

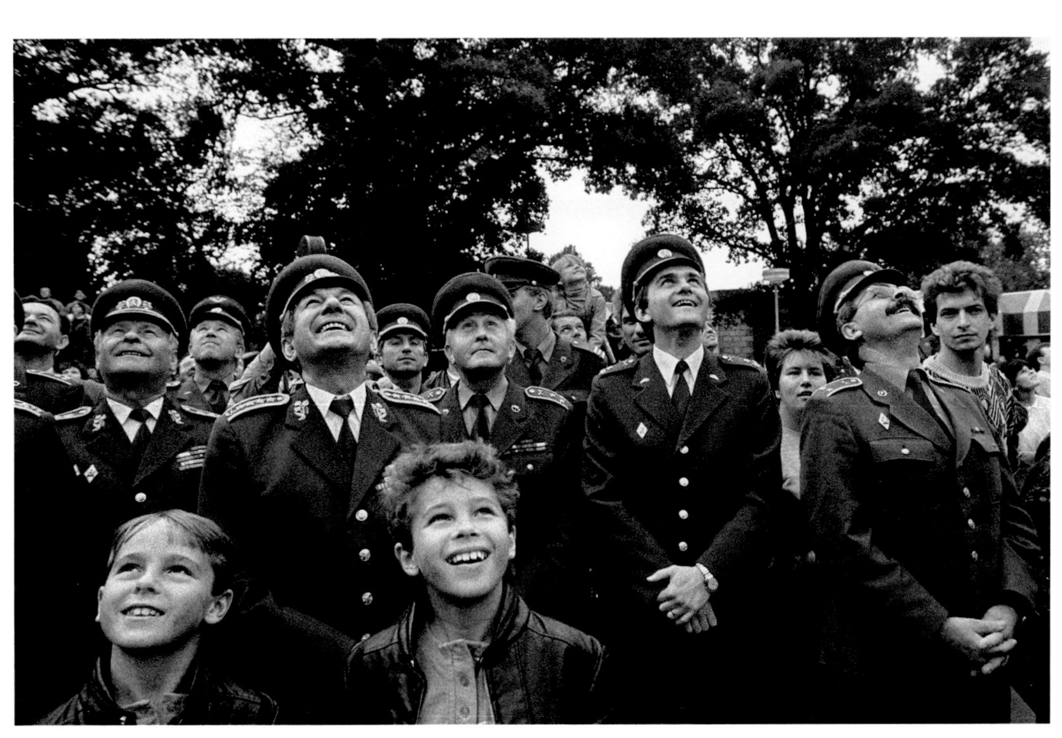

15 **Prague / Praha** 1988

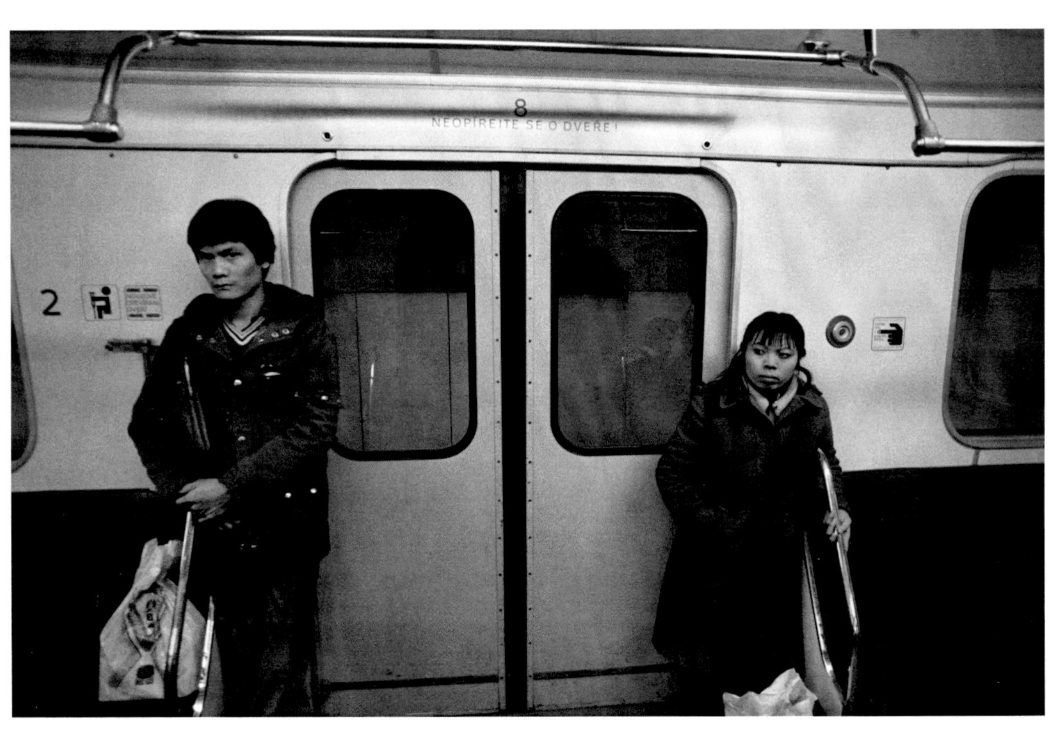

16 **Prague / Praha** 1985

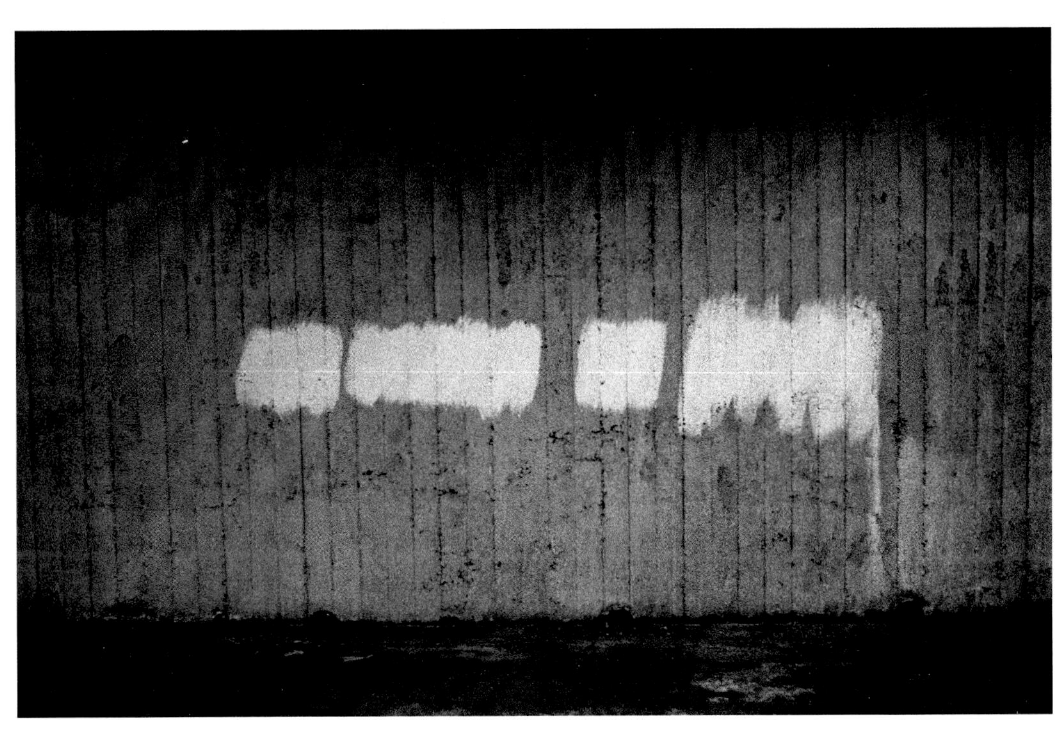

17 **Prague / Praha** 1989

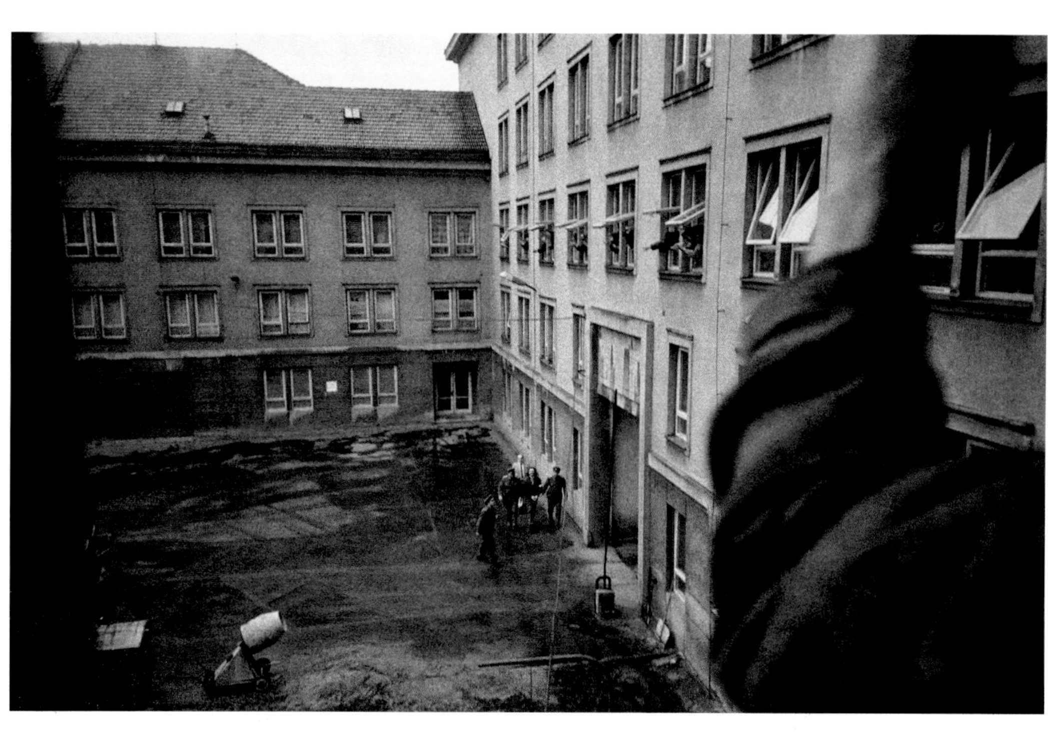

18 **Jihlava** 1989

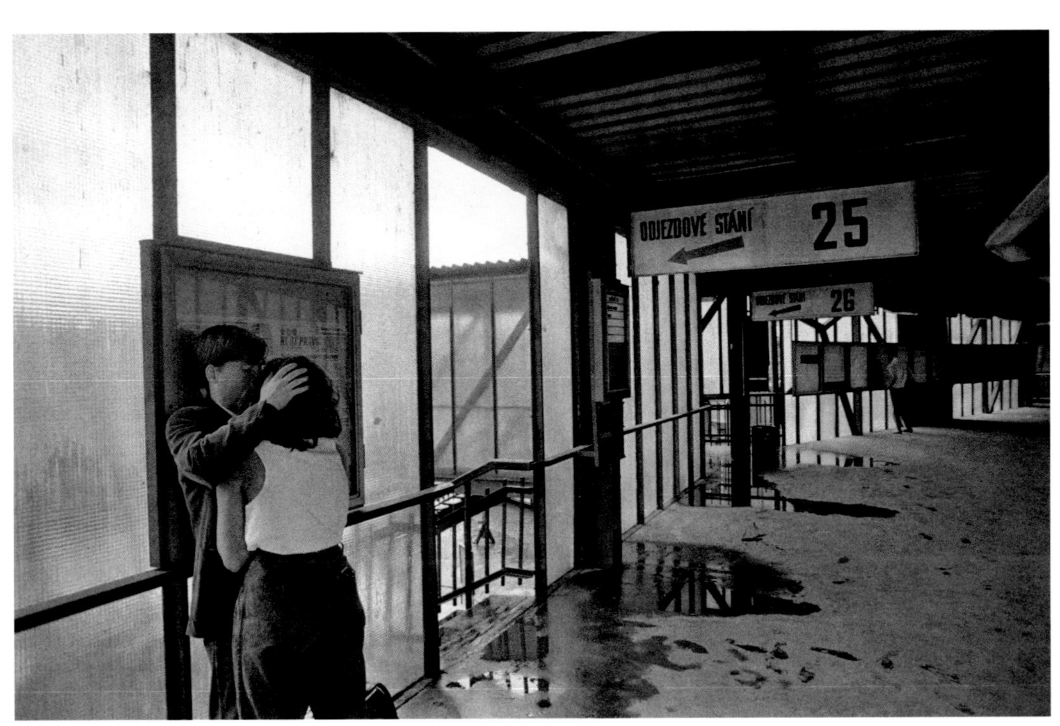

19 **Prague / Praha** 1989

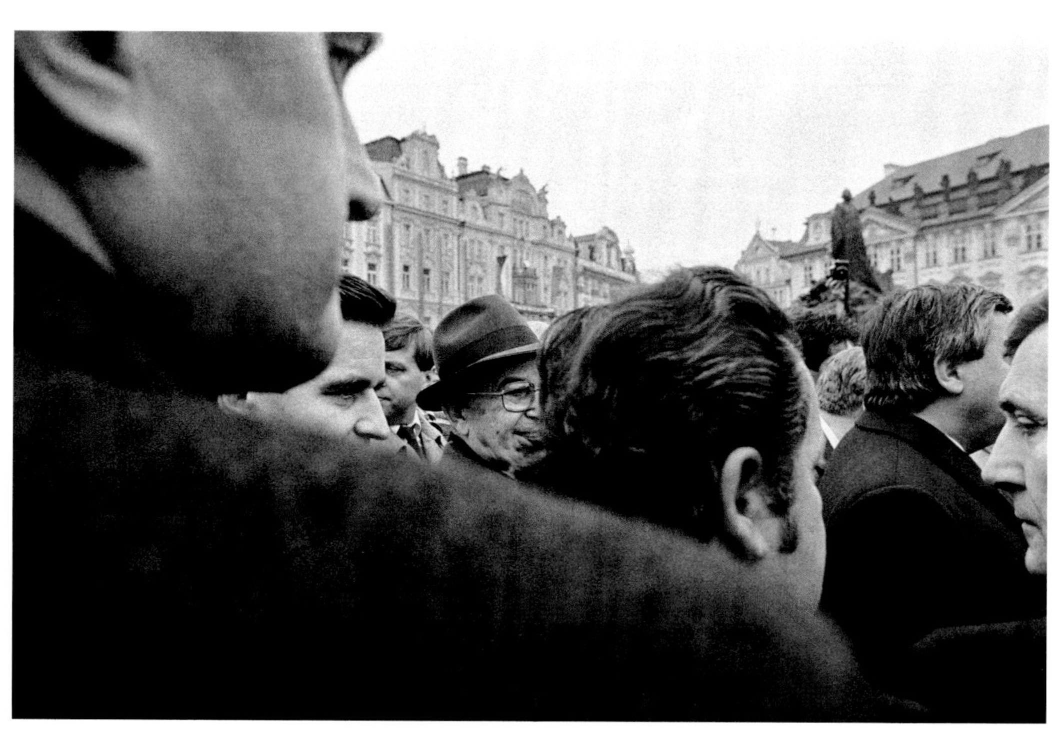

20 **Prague / Praha** 1989

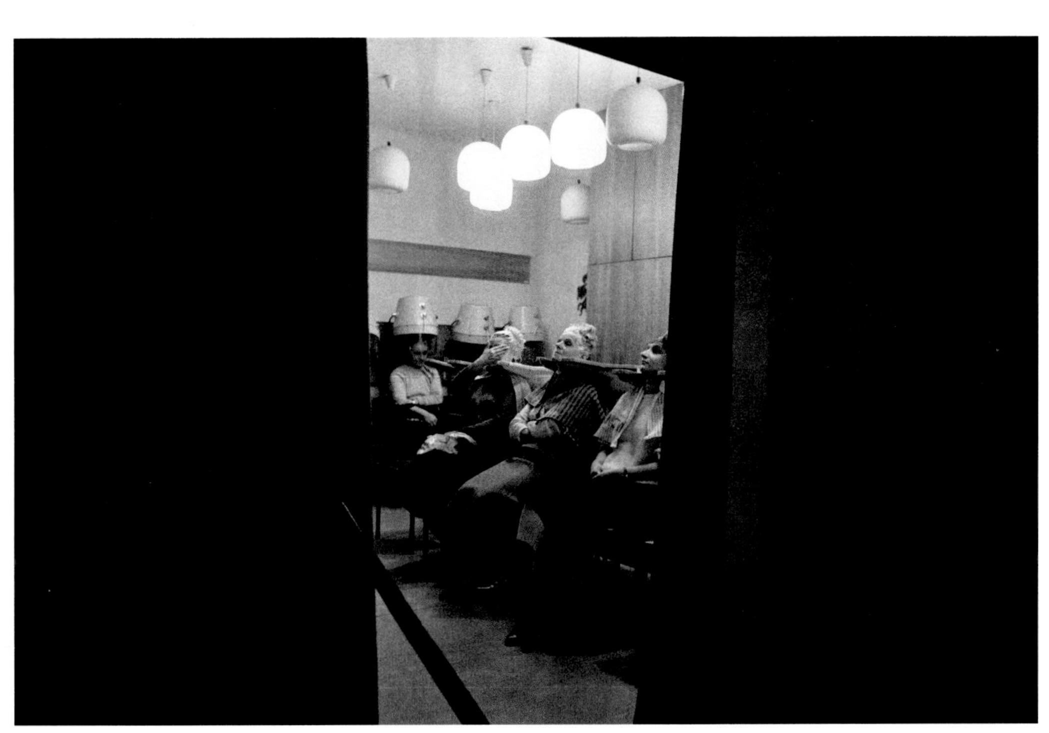

21 **Prague / Praha** 1988

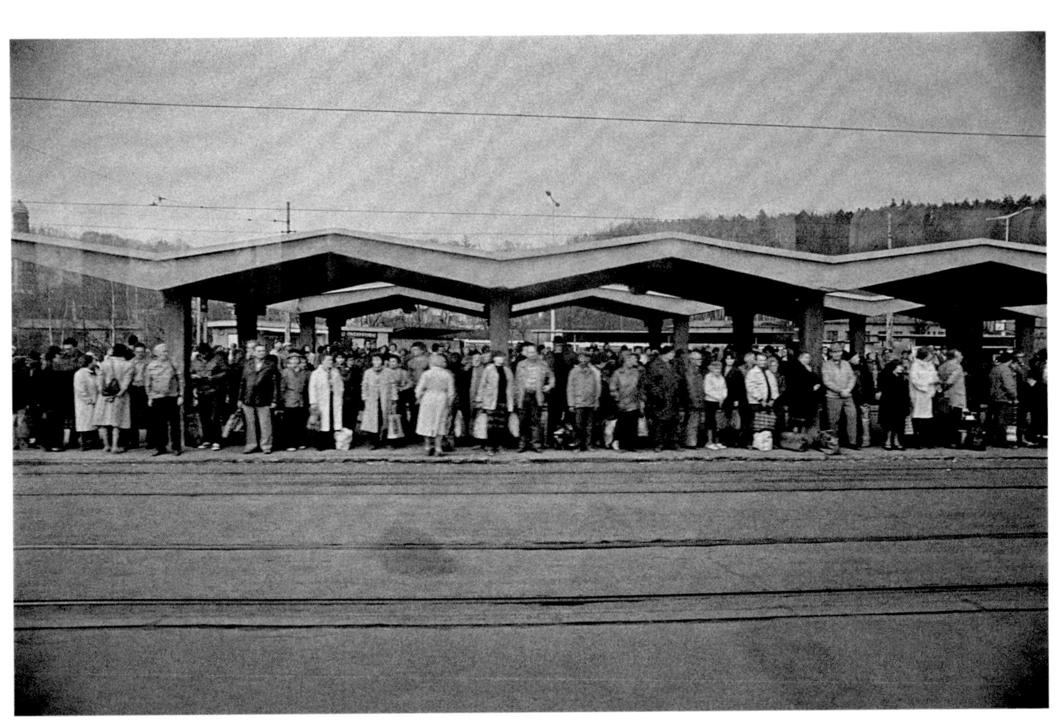

22 **Prague / Praha** 1987

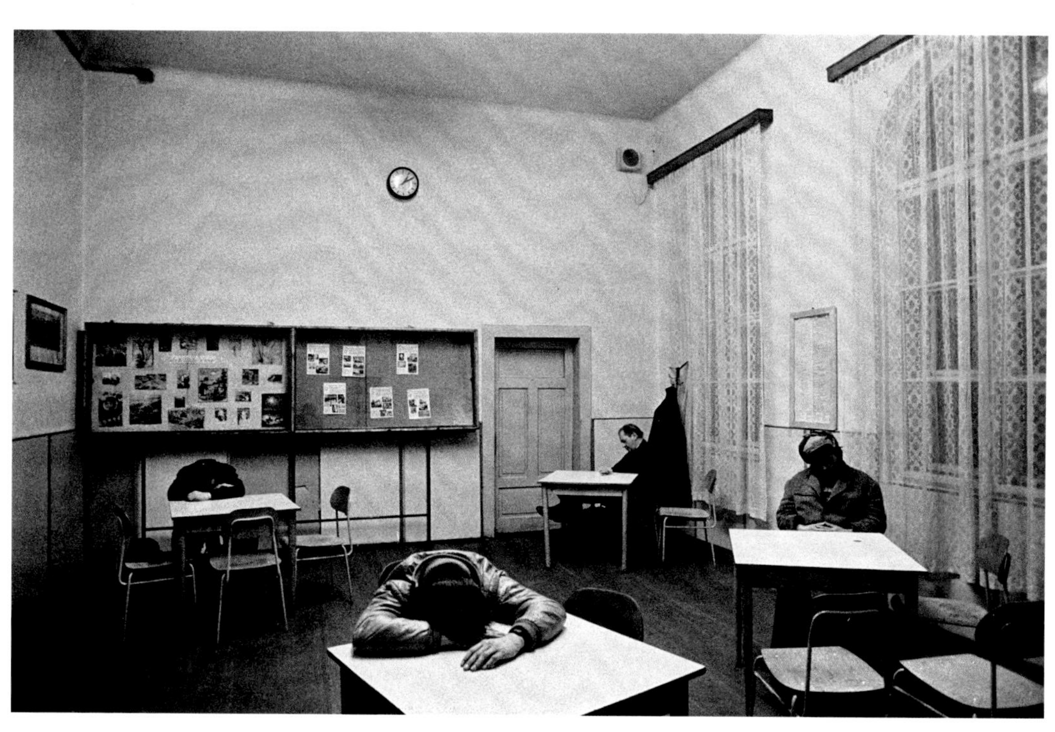

23 **Chomutov** 1988

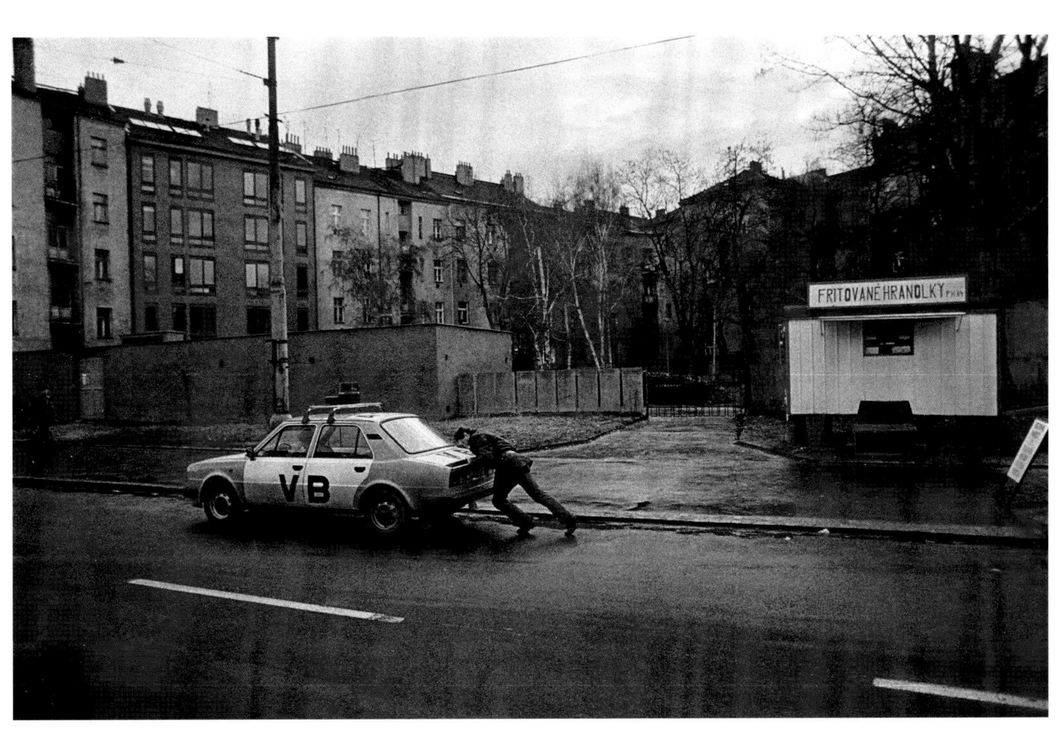

VB
FRITOVANÉ HRANOLKY

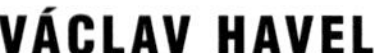

VÁCLAV HAVEL

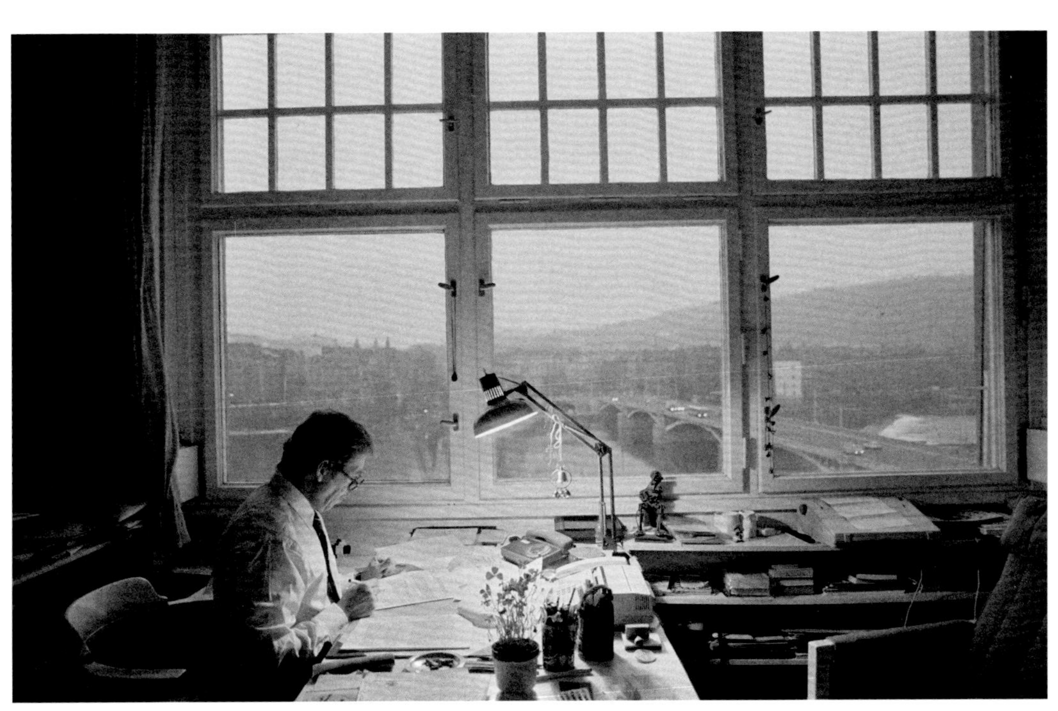

25 **Prague / Praha** 1989

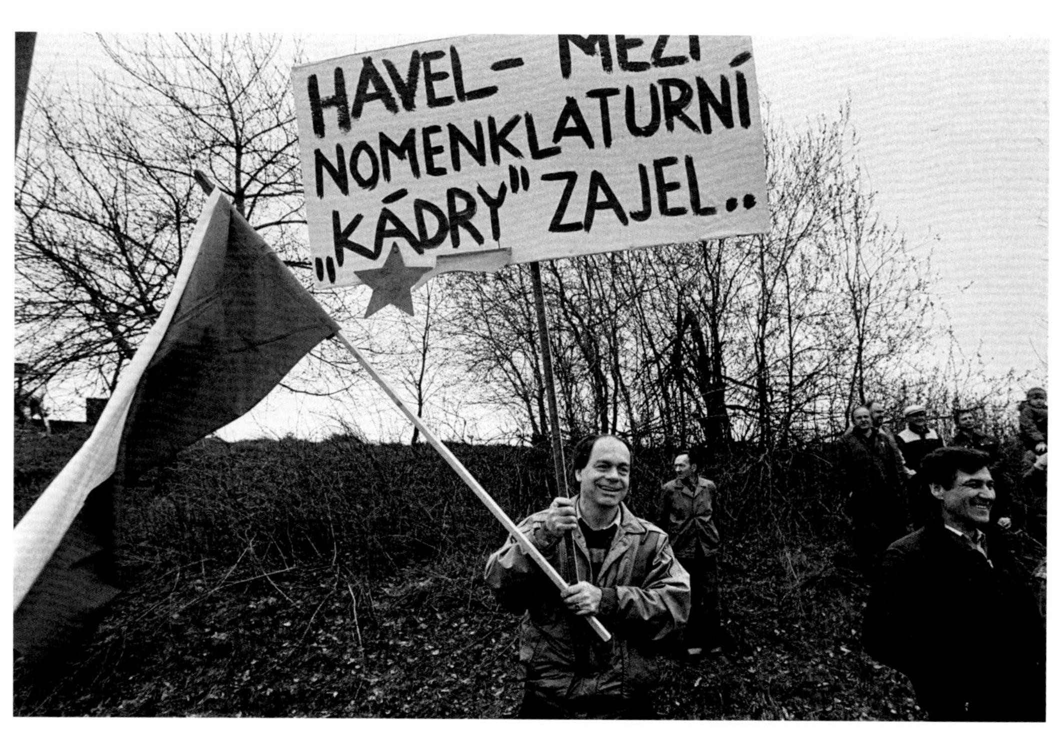

HAVEL – MEZI
NOMENKLATURNÍ
„KÁDRY" ZAJEL..

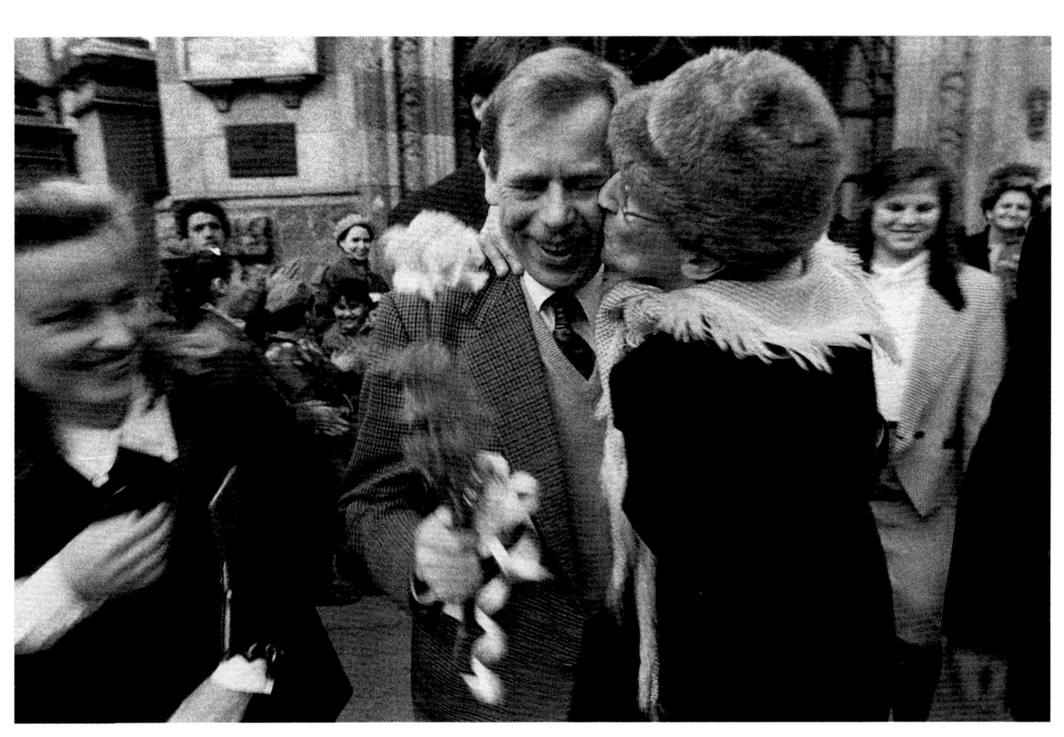

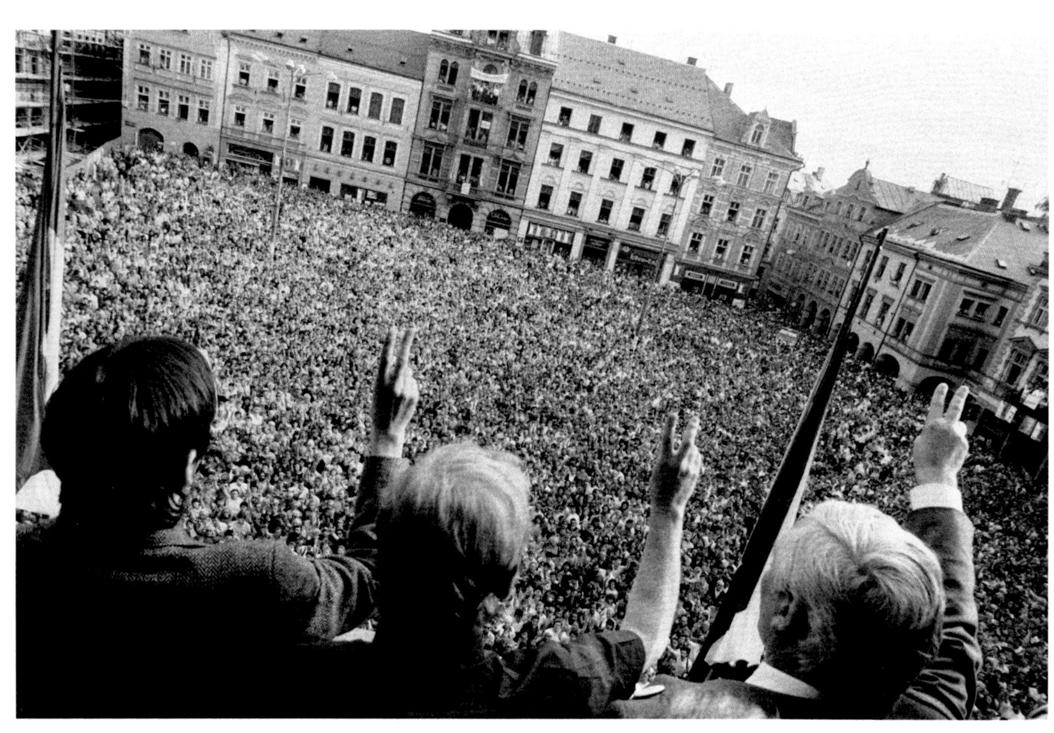

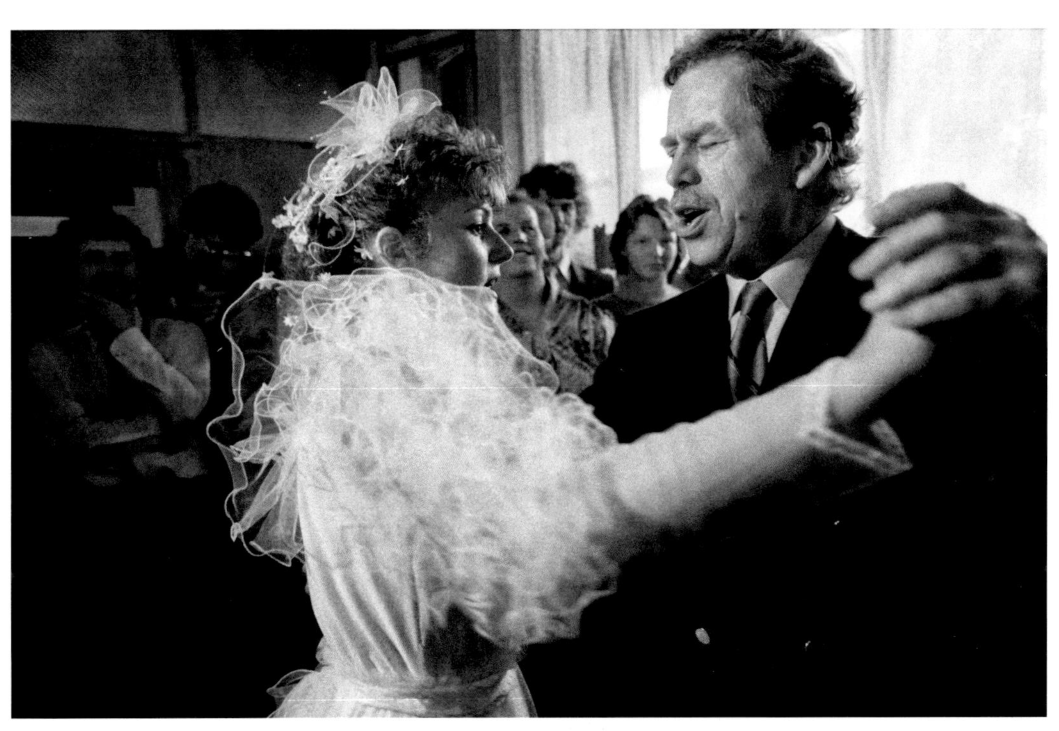

29 **Turnov** 1990

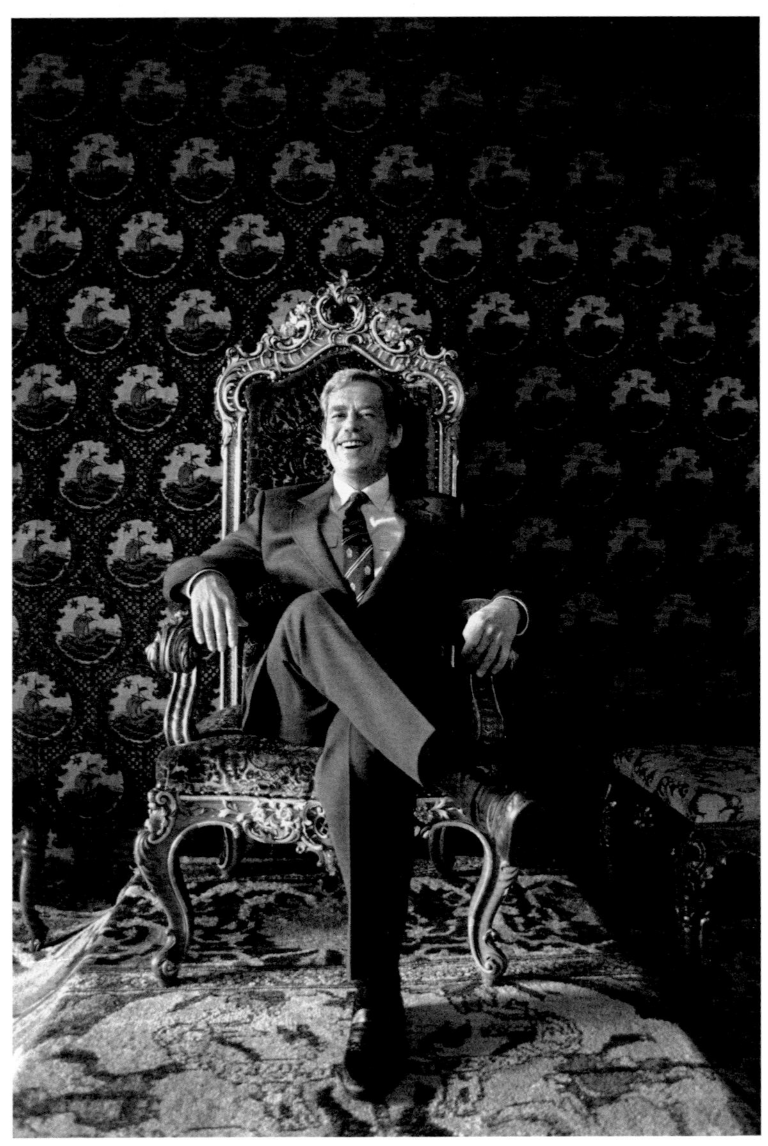

30 **Slavkov u Brna** 1990

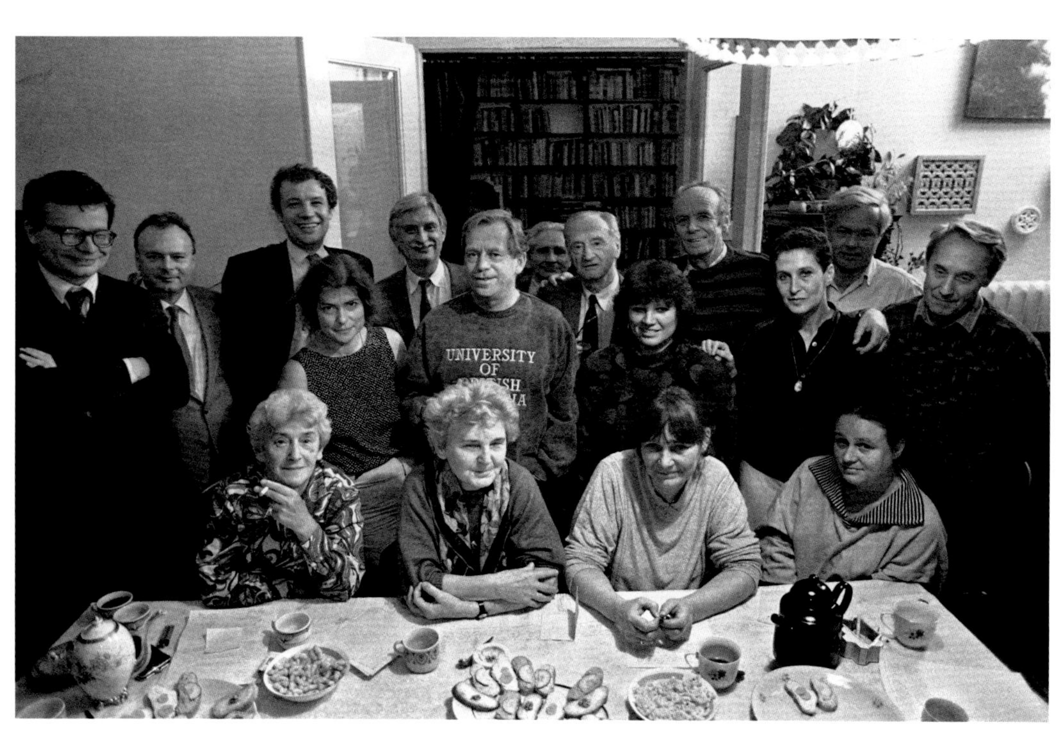

31 **Prague / Praha** 1992

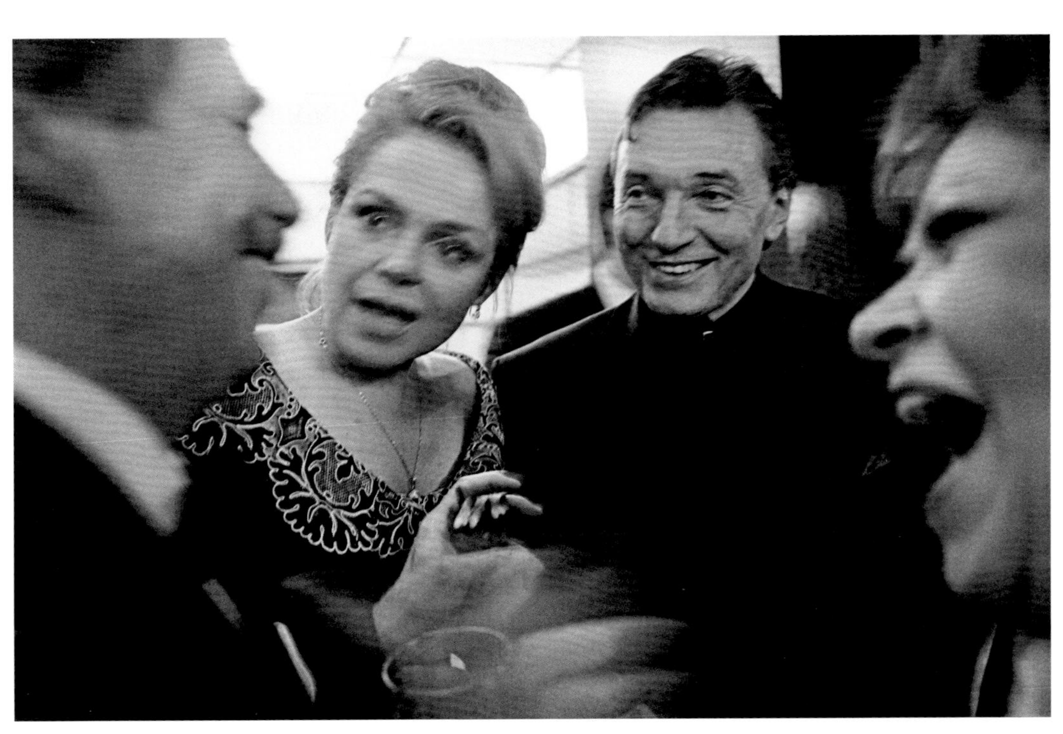

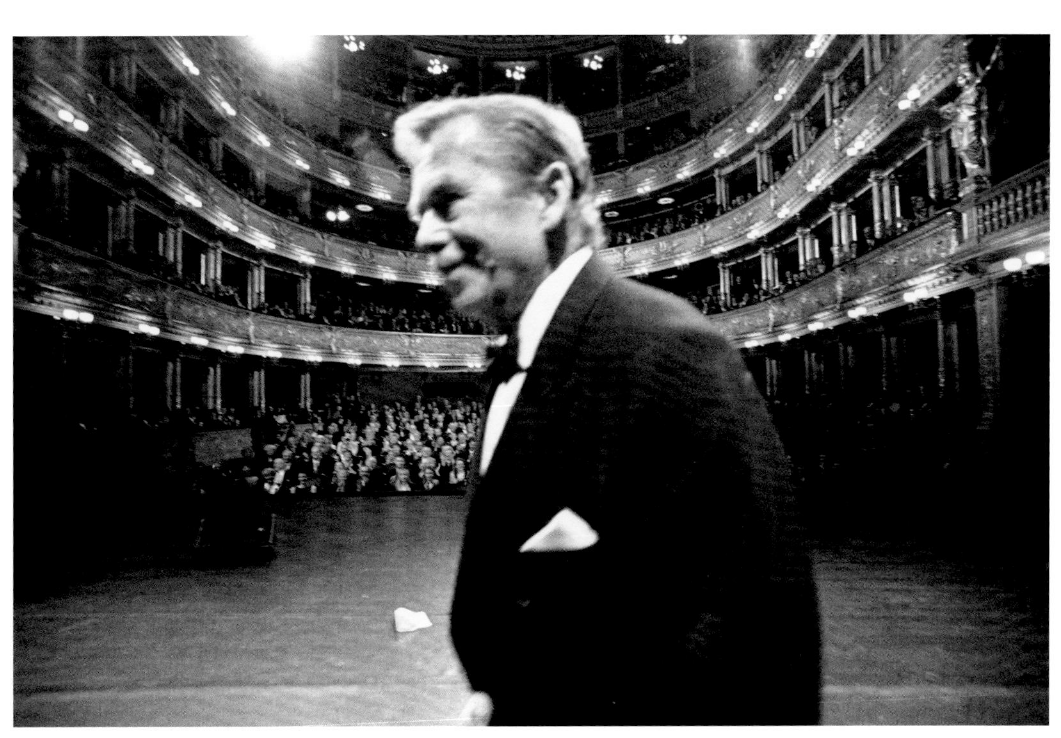

CUBA / KUBA

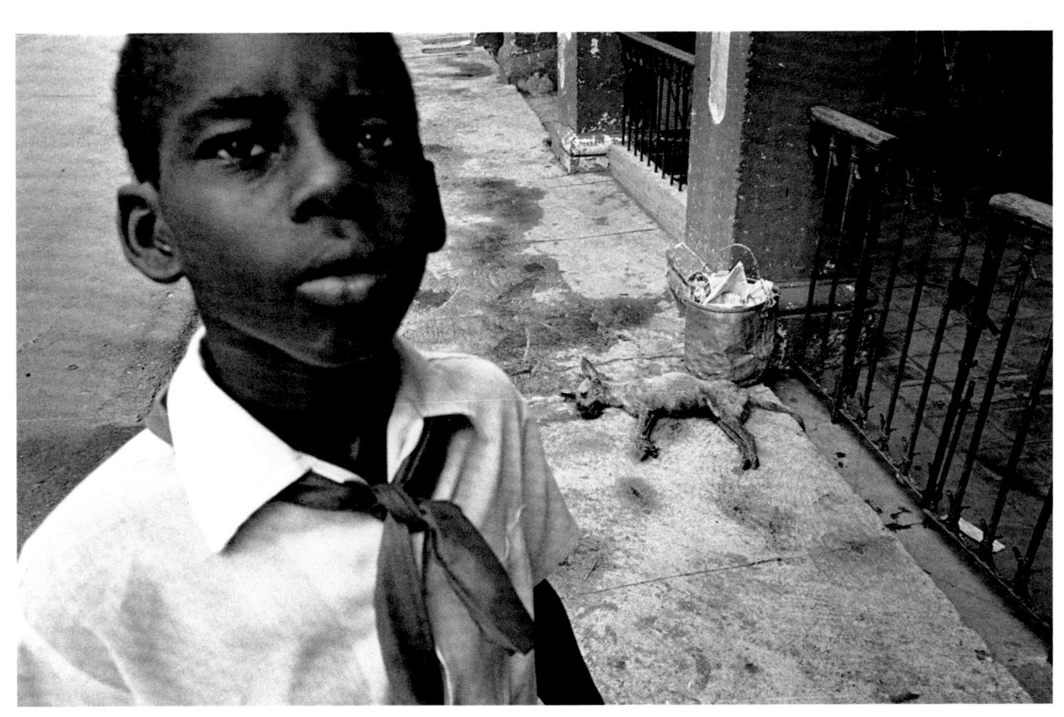

34 **Havana** 1994

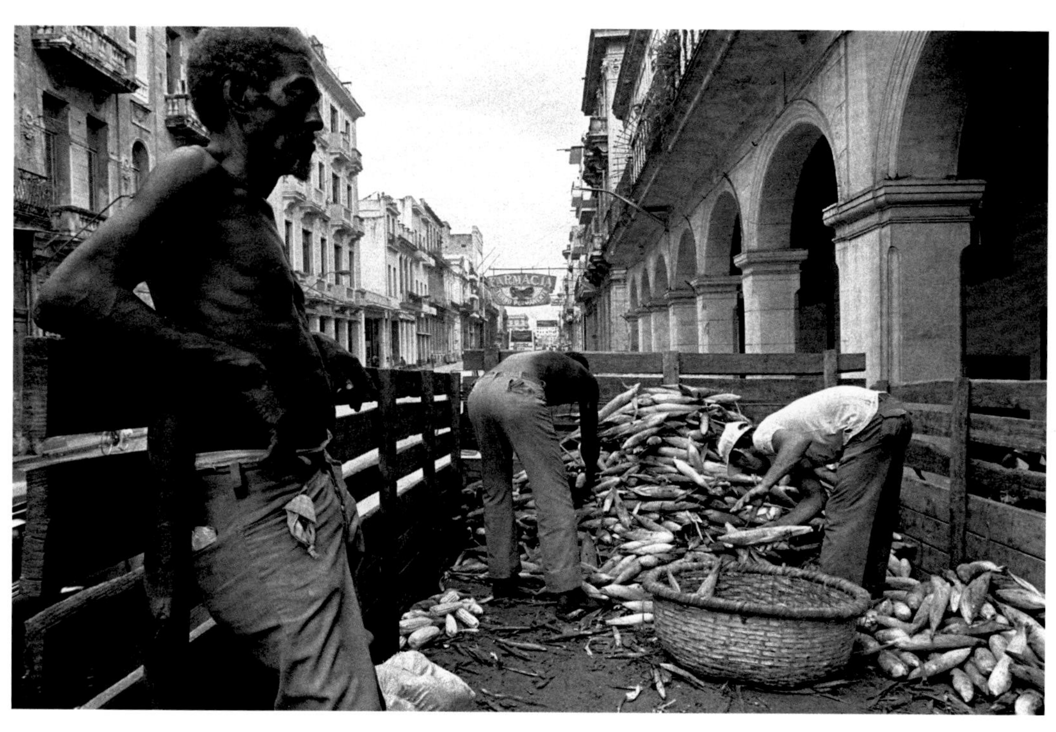

35 **Havana** 1994

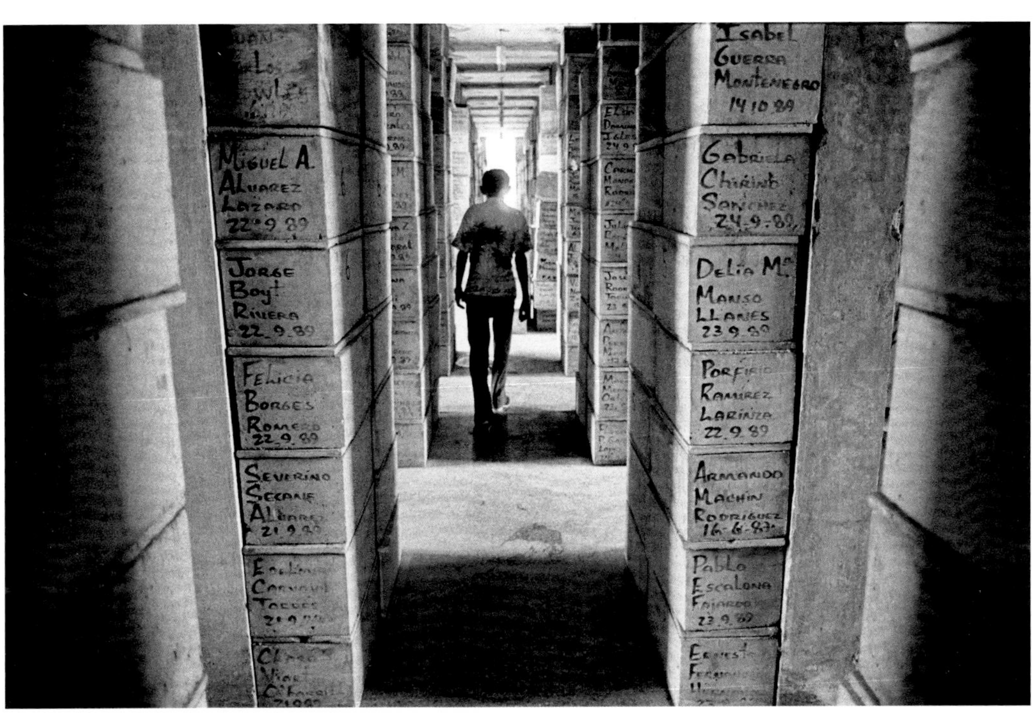

Isabel
Guerra
Montenegro
14.10.89

Gabriela
Chirino
Sanchez
24.9.89

Delia Mª
Manso
Llanes
23.9.89

Porfirio
Ramirez
Larinza
22.9.89

Armando
Machin
Rodriguez
16.6.87

Pablo
Escalona
Fajardo
23.9.89

Ernesto

Miguel A.
Alvarez
Lazaro
22.9.89

Jorge
Boyt
Rivera
22.9.89

Felicia
Borges
Romero
22.9.89

Severino
Secane
Alonzo
21.9.89

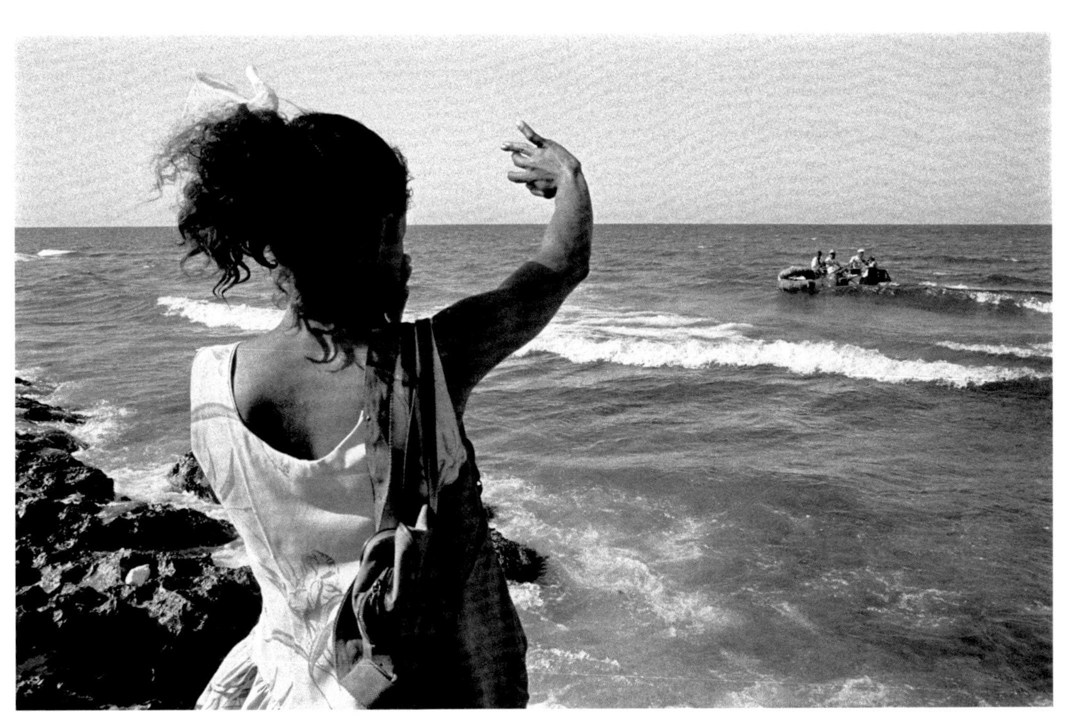

37 **Havana** 1994

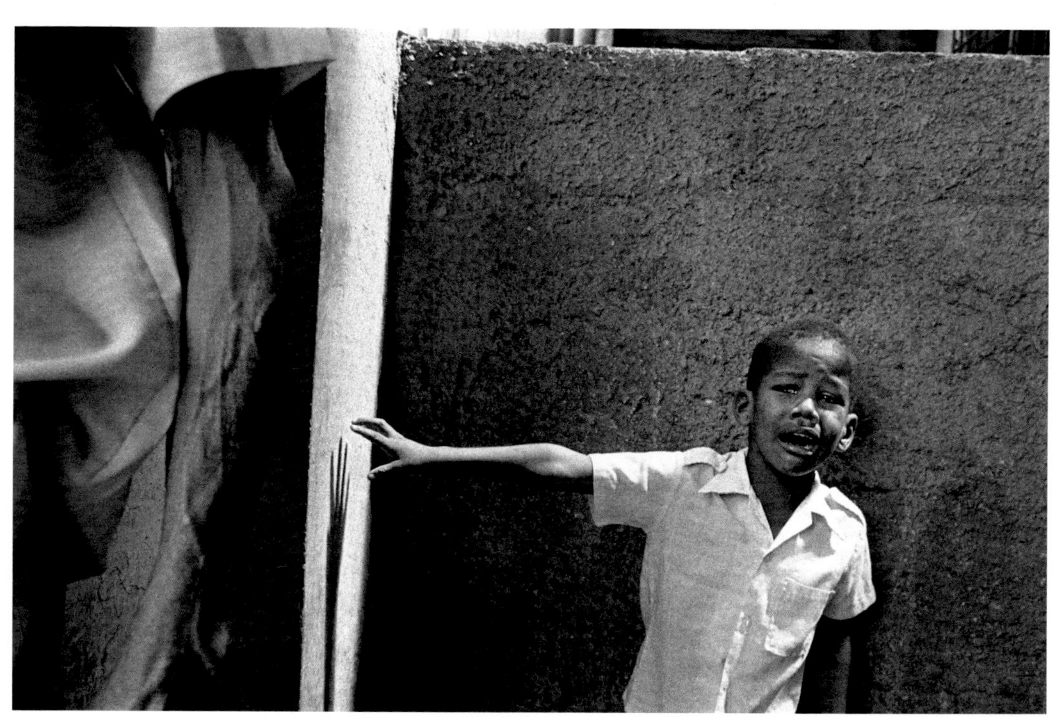

38 **Havana** 1994

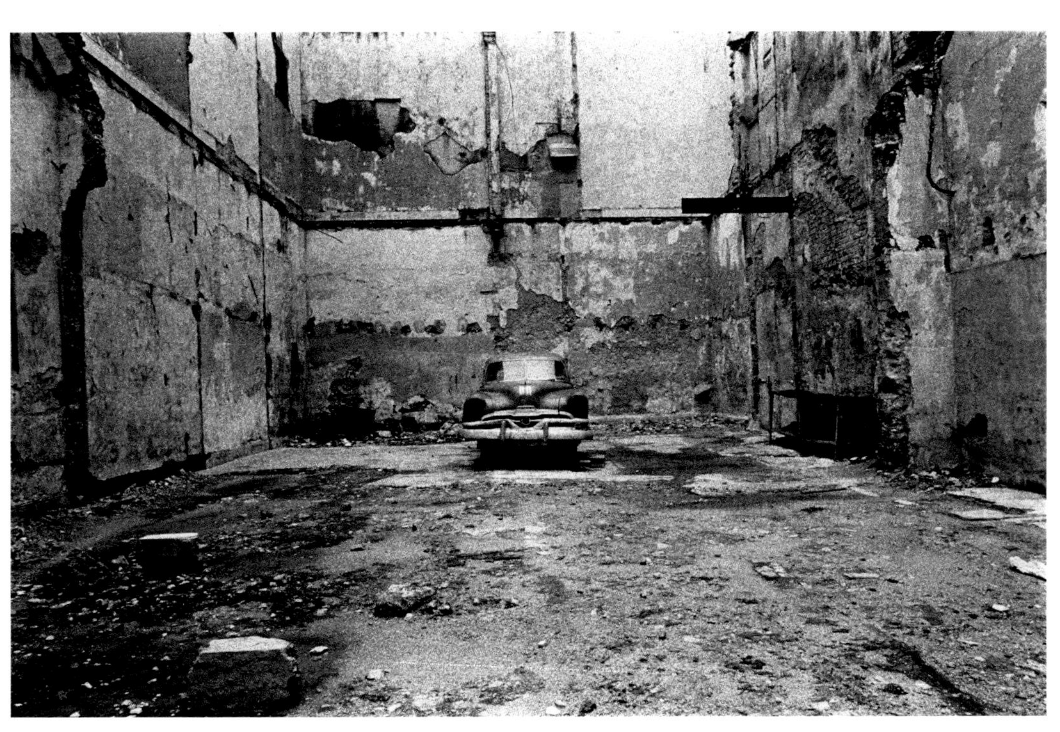

39 **Havana** 1995

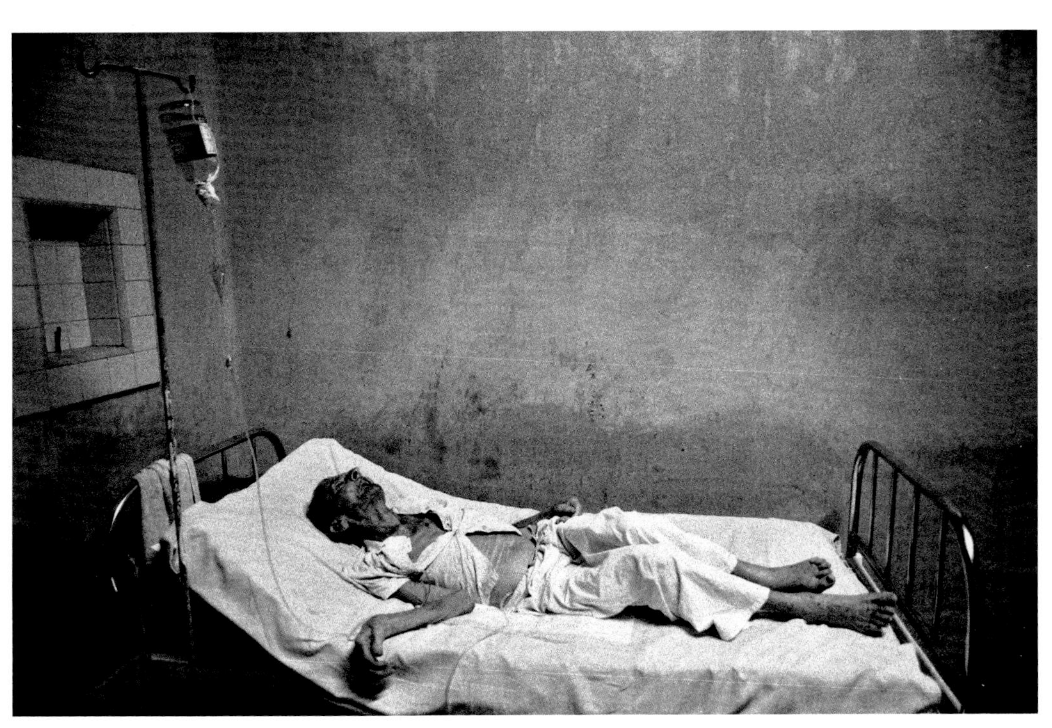

40 **Havana** 1994

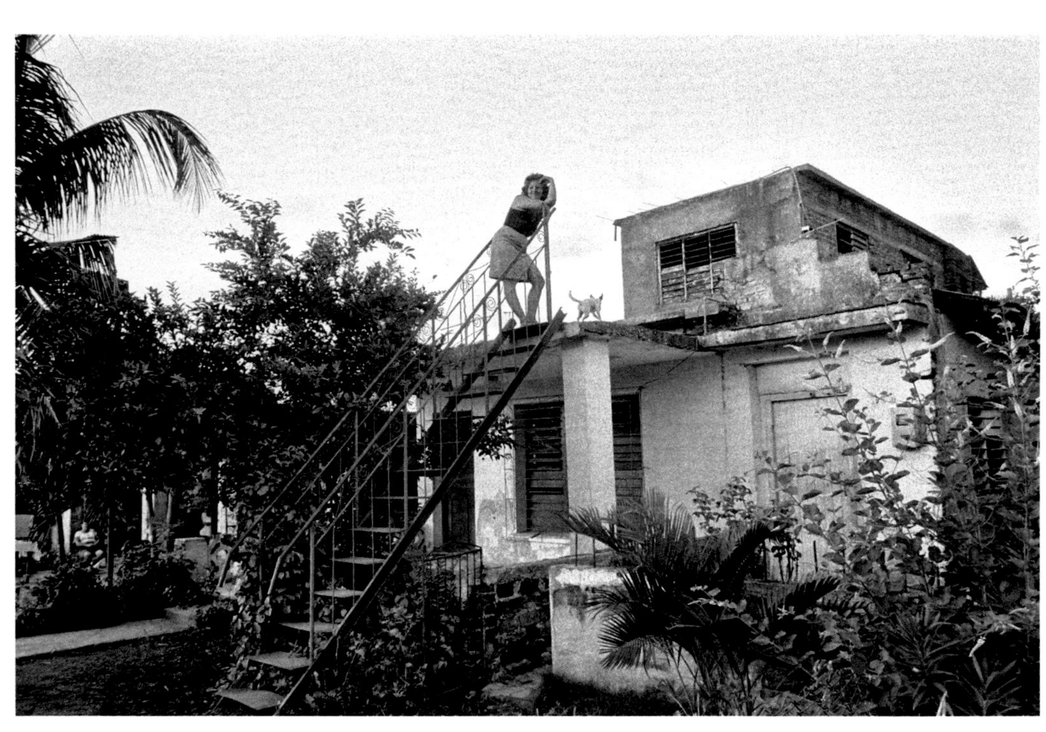

41 **Santiago de Cuba** 1995

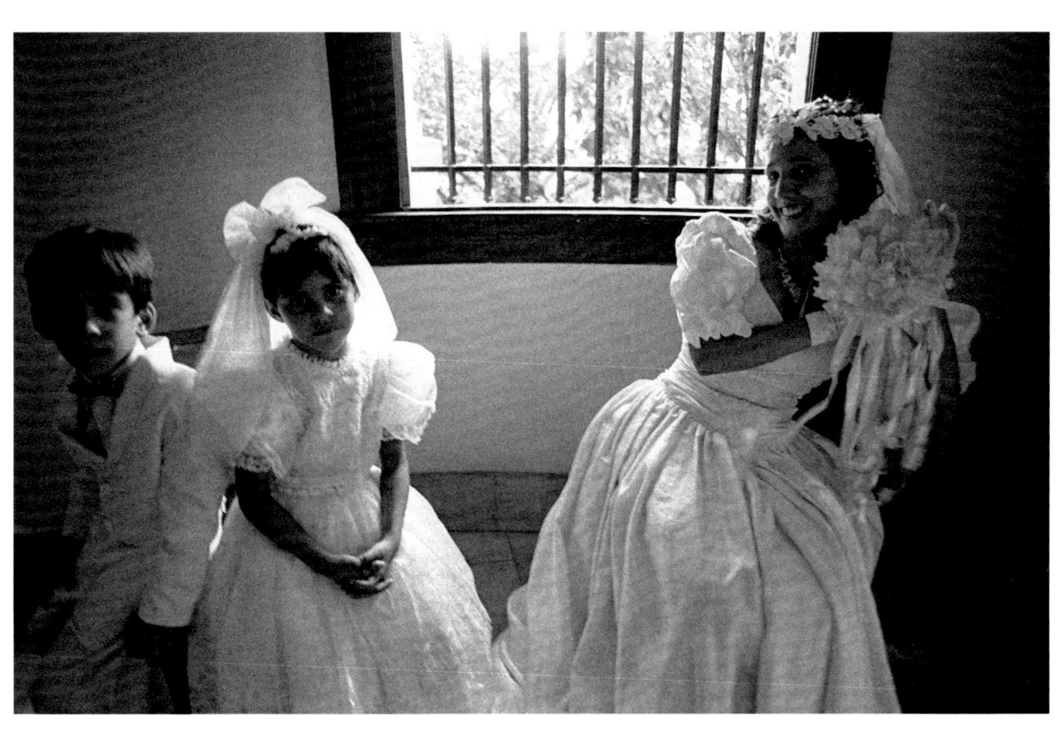

42 **Havana** 1994

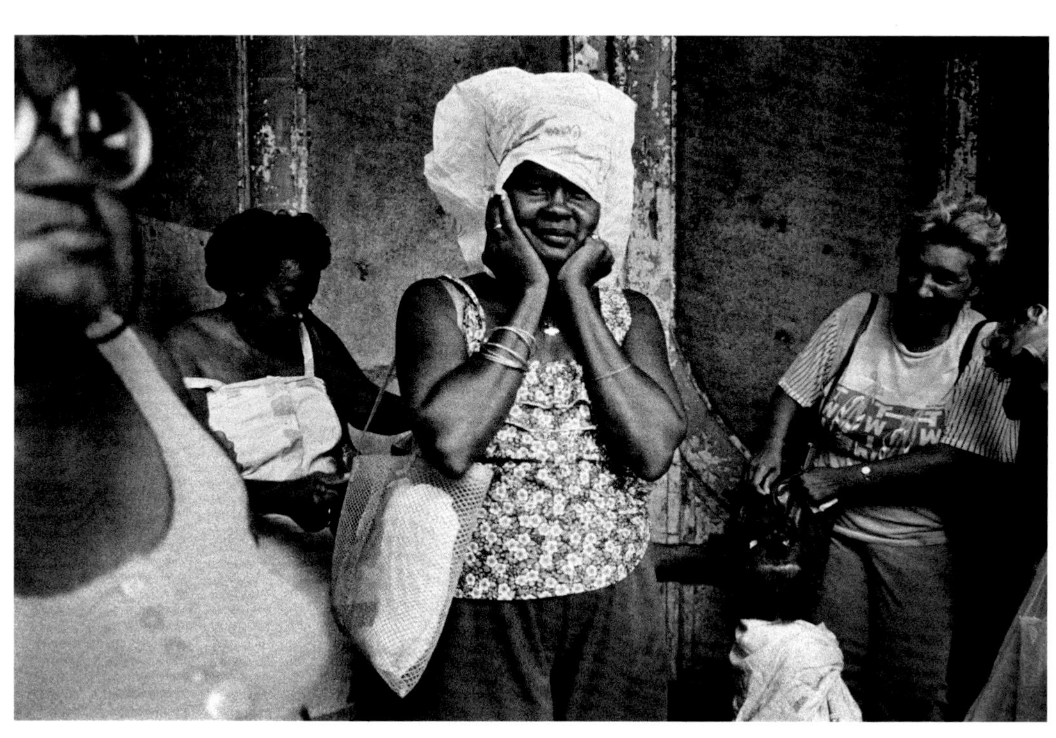

43 **Havana** 1995

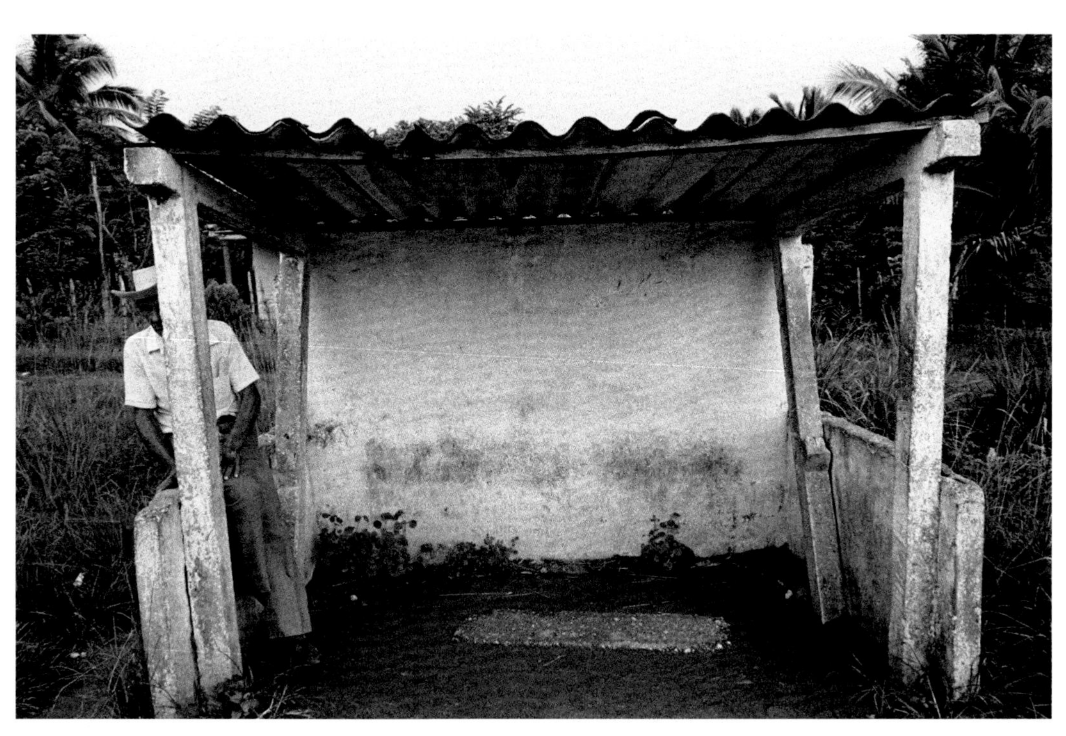

44 **Viñales** 1995

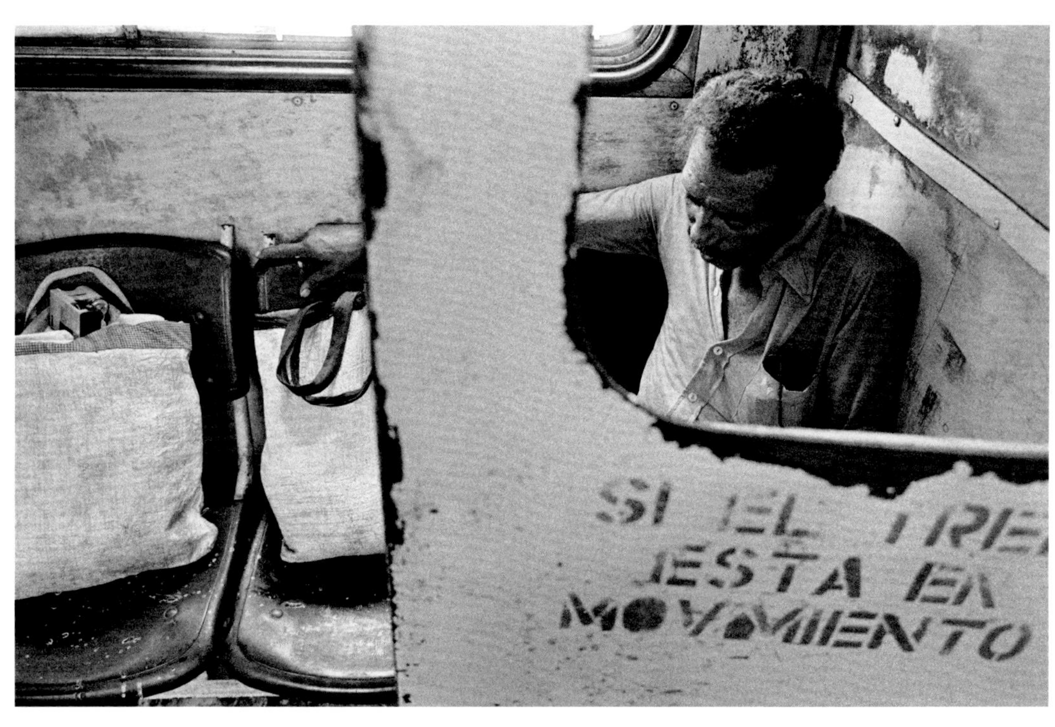

45 **Havana** 1994

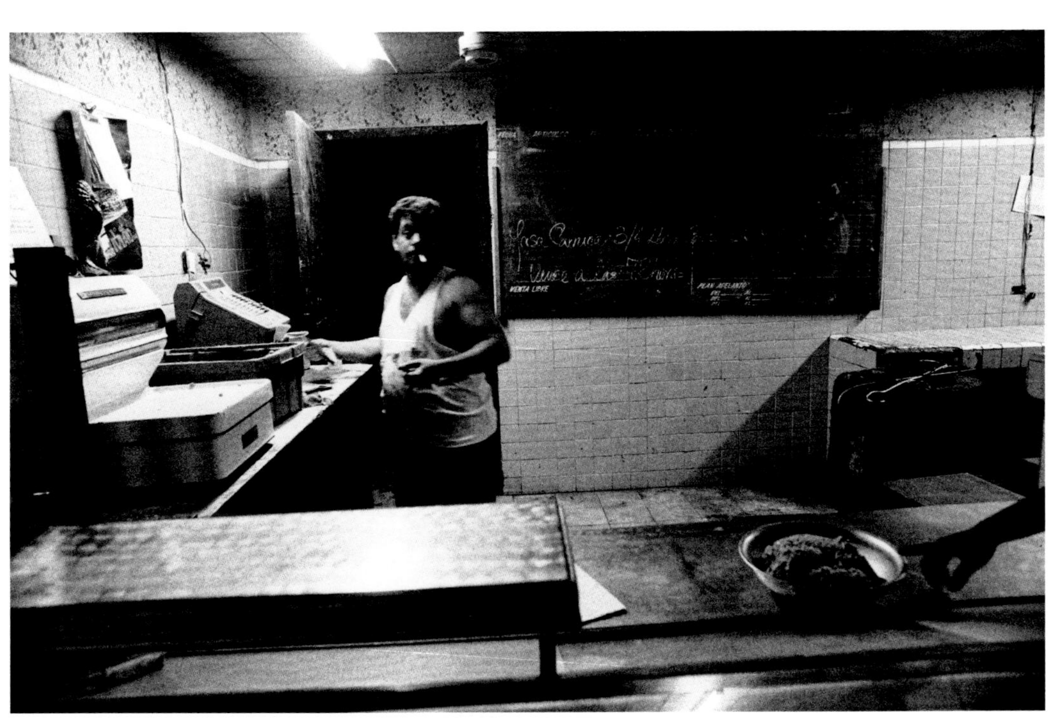

46 **Havana** 1995

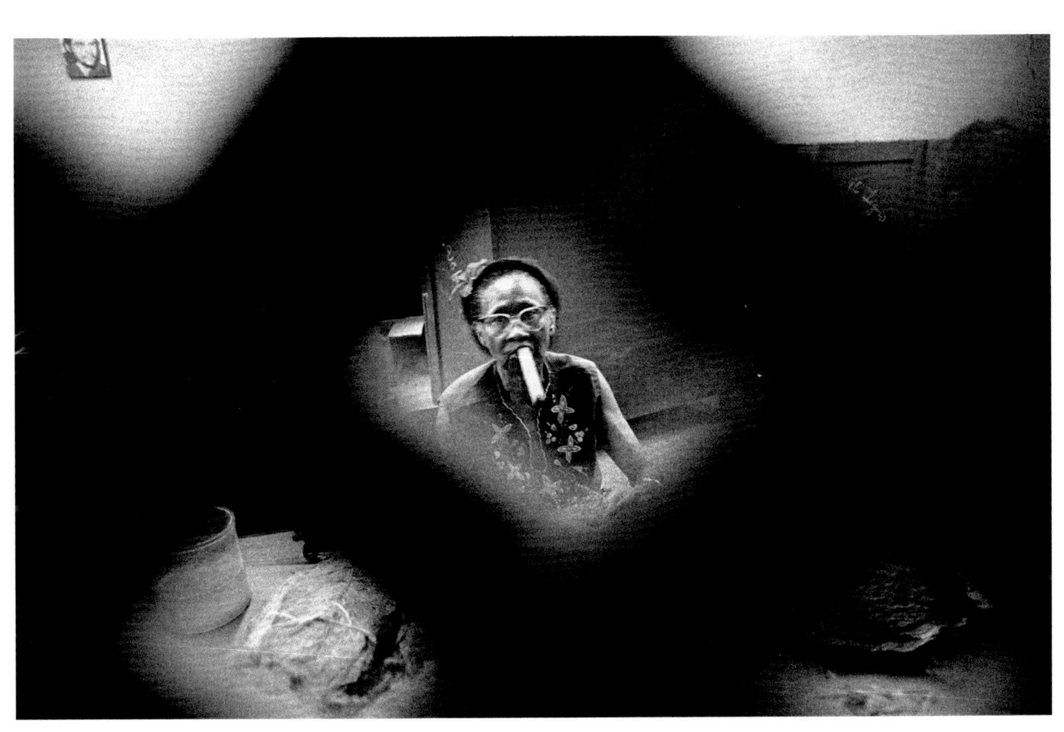

47 **Havana** 1995

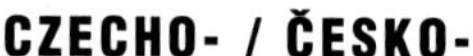
CZECHO- / ČESKO-

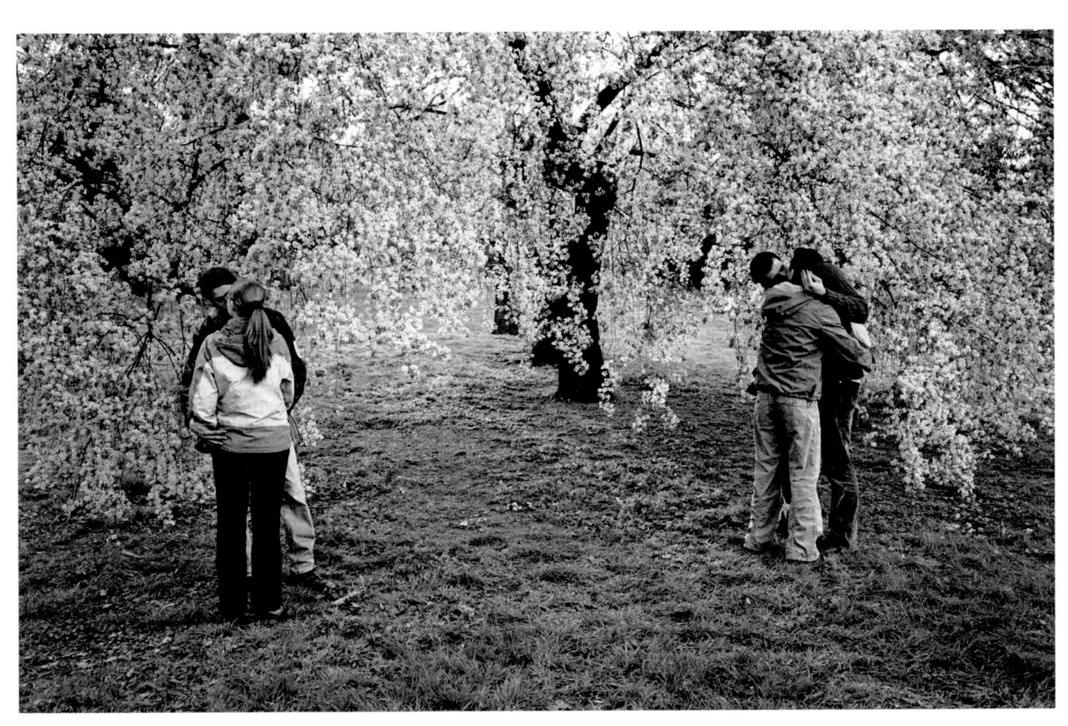

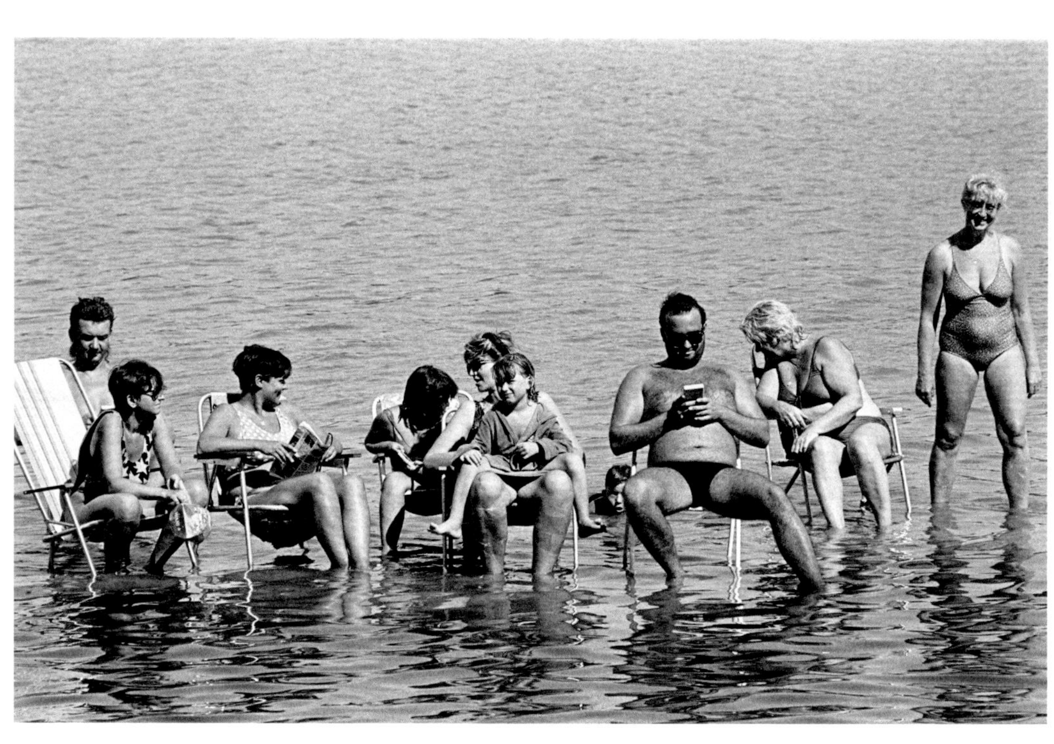

49 **Staňkov** 1994

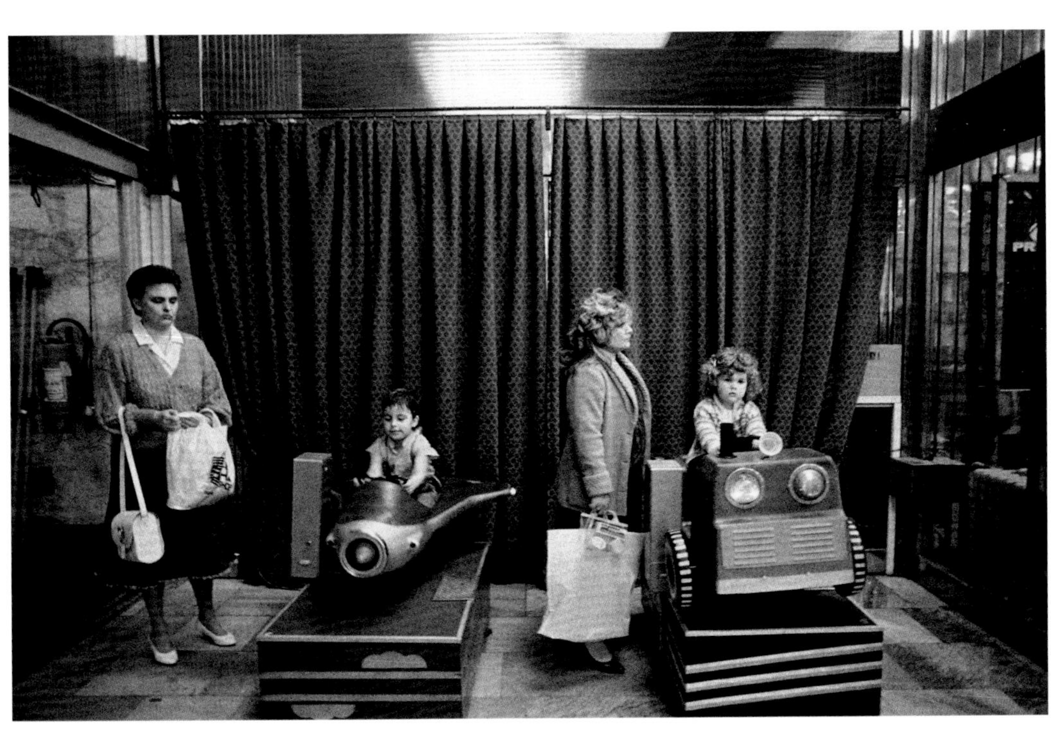

50 **Prague / Praha** 1990

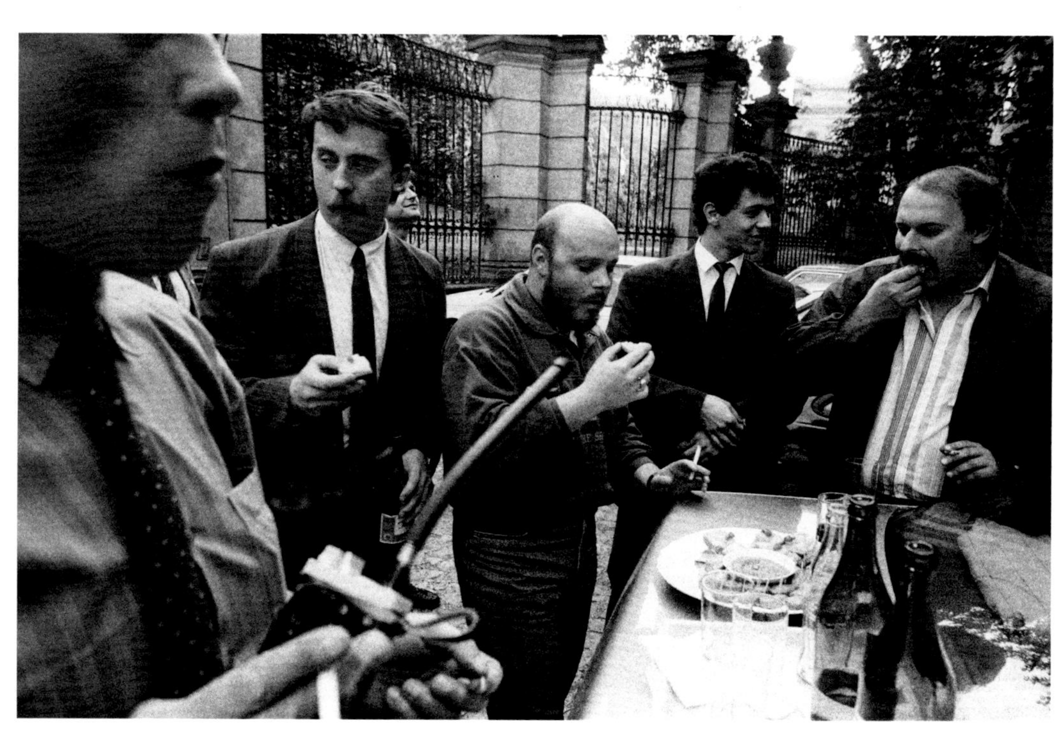

51 **Prague / Praha** 1990

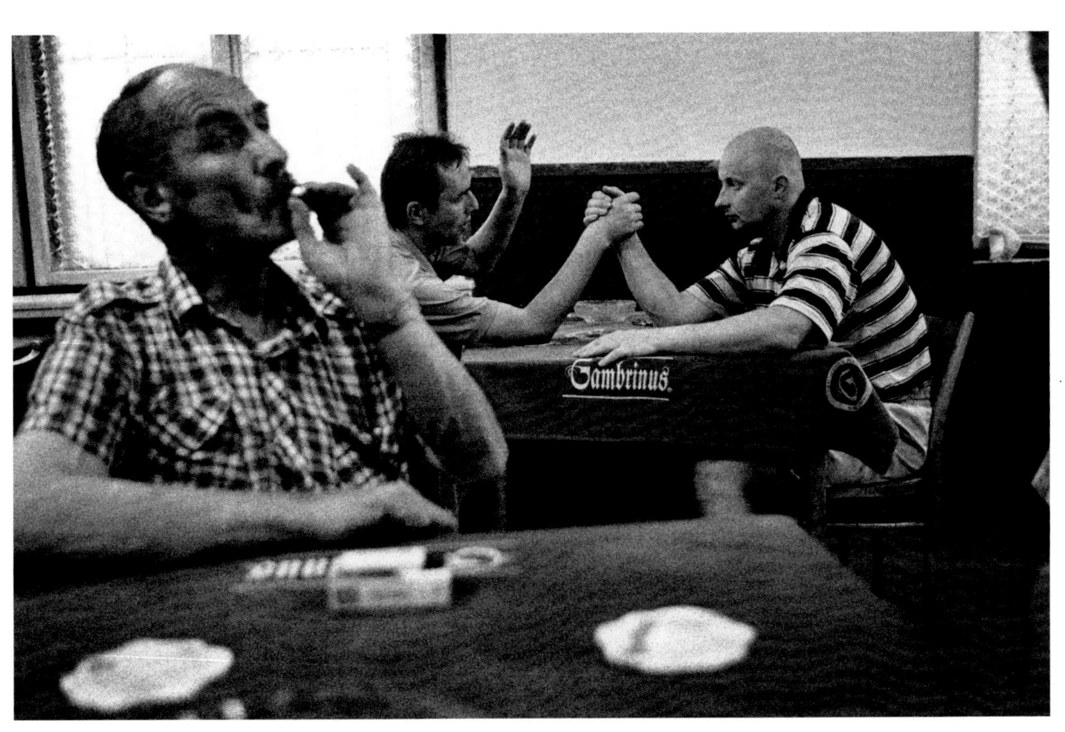

52 **Prague / Praha** 2000

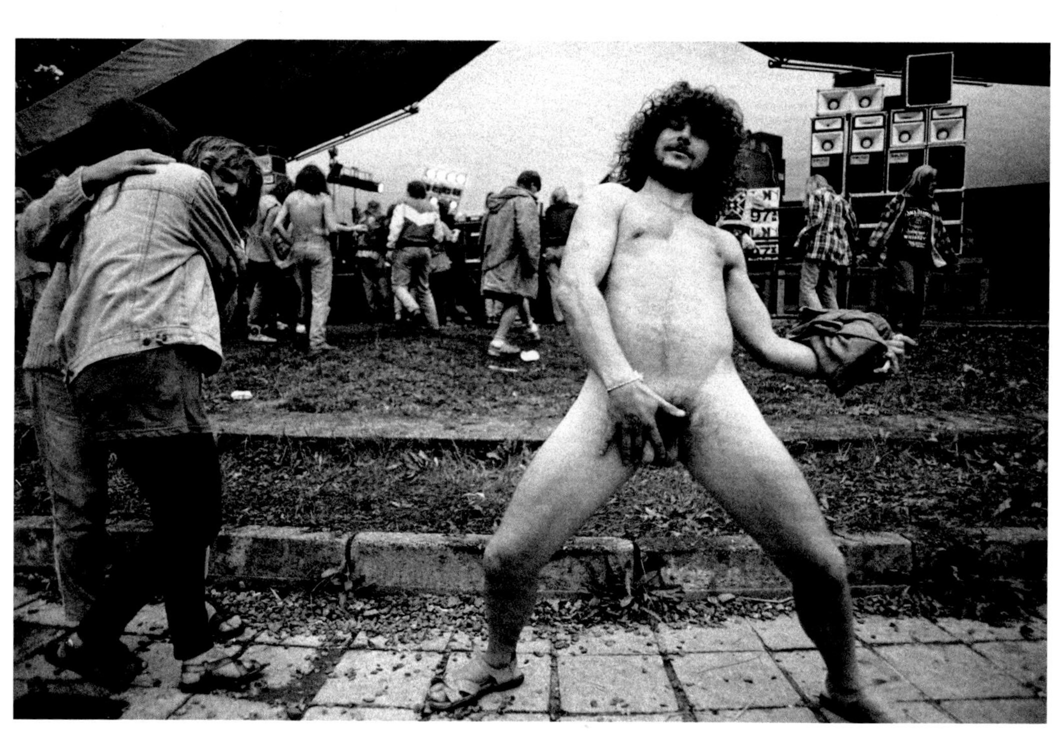

53 **Trutnov** 1994

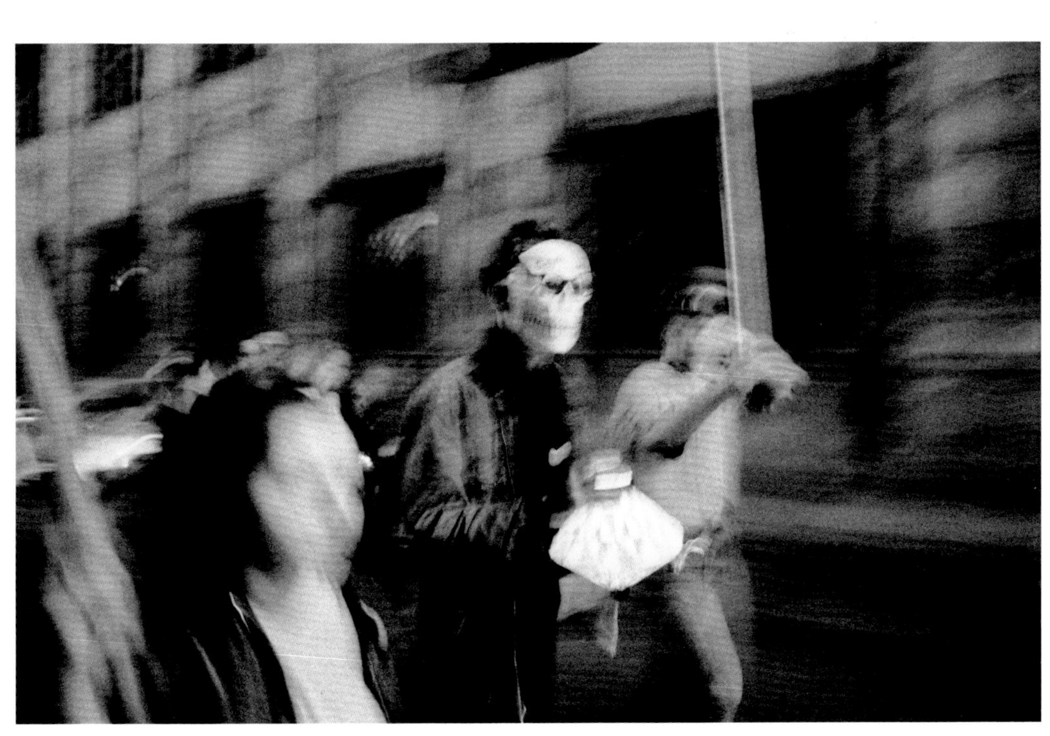

54 **Prague / Praha** 1990

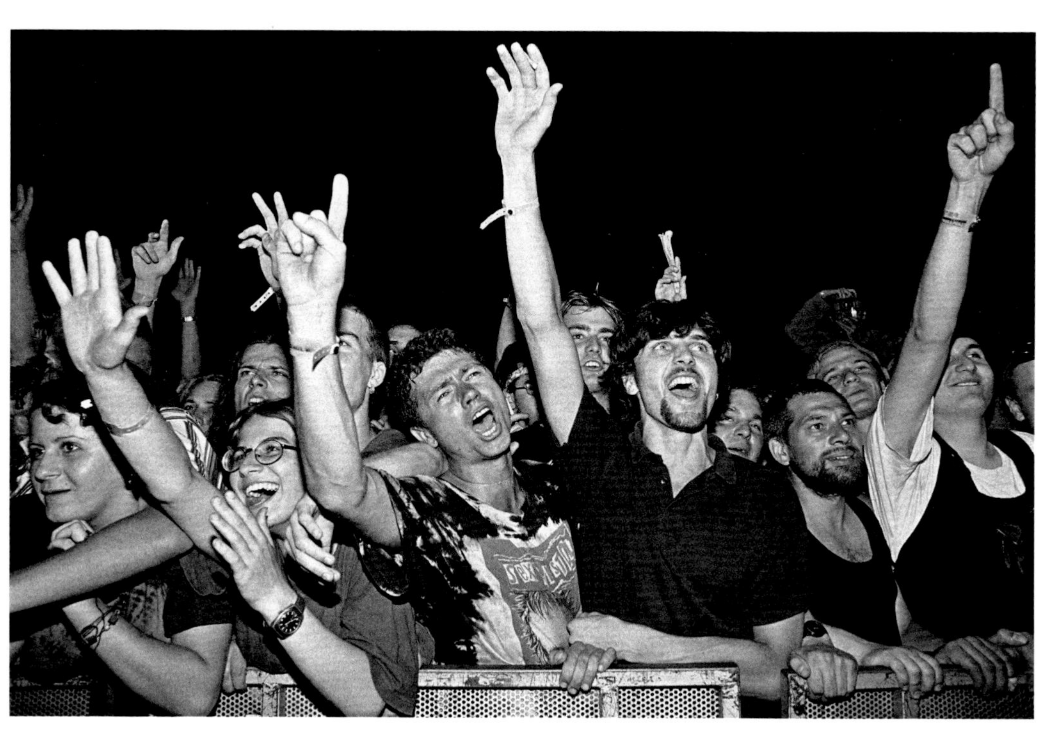

55 **Trutnov** 1997

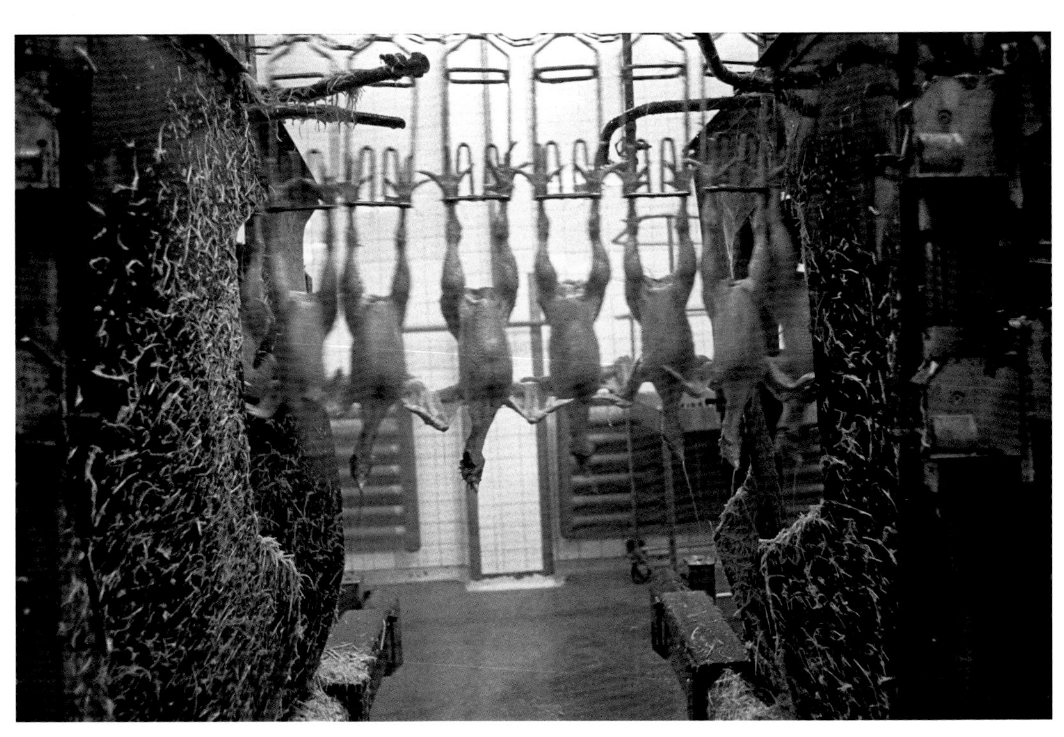

 Prague / Praha 1994

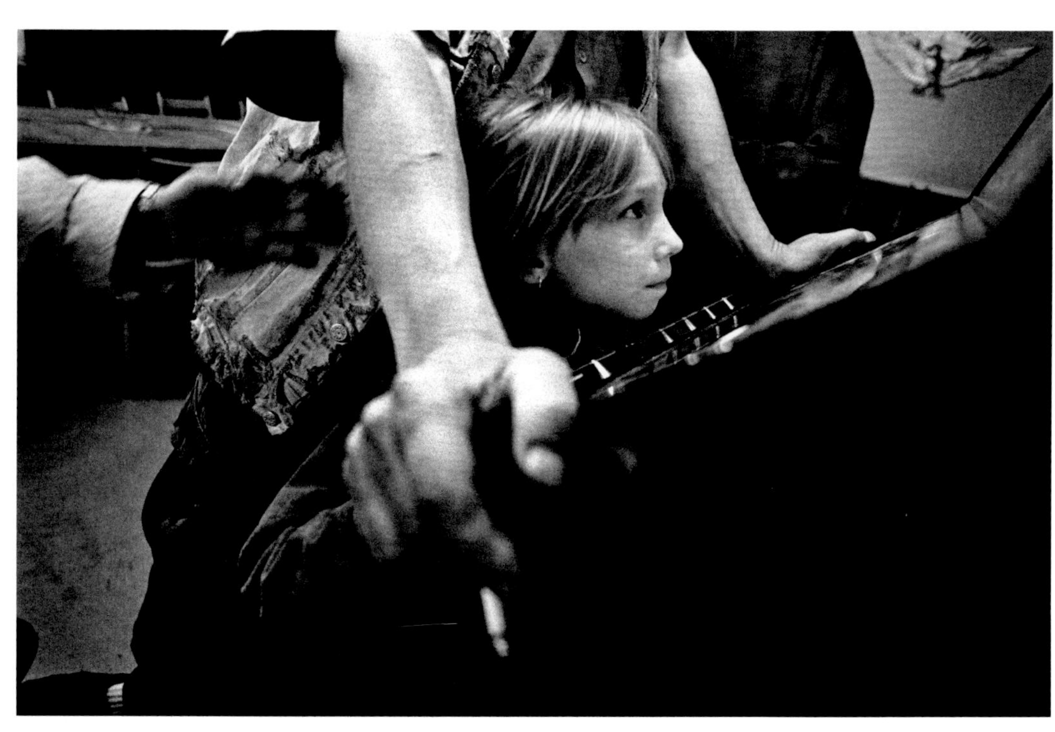

57 **Prague / Praha** 2000

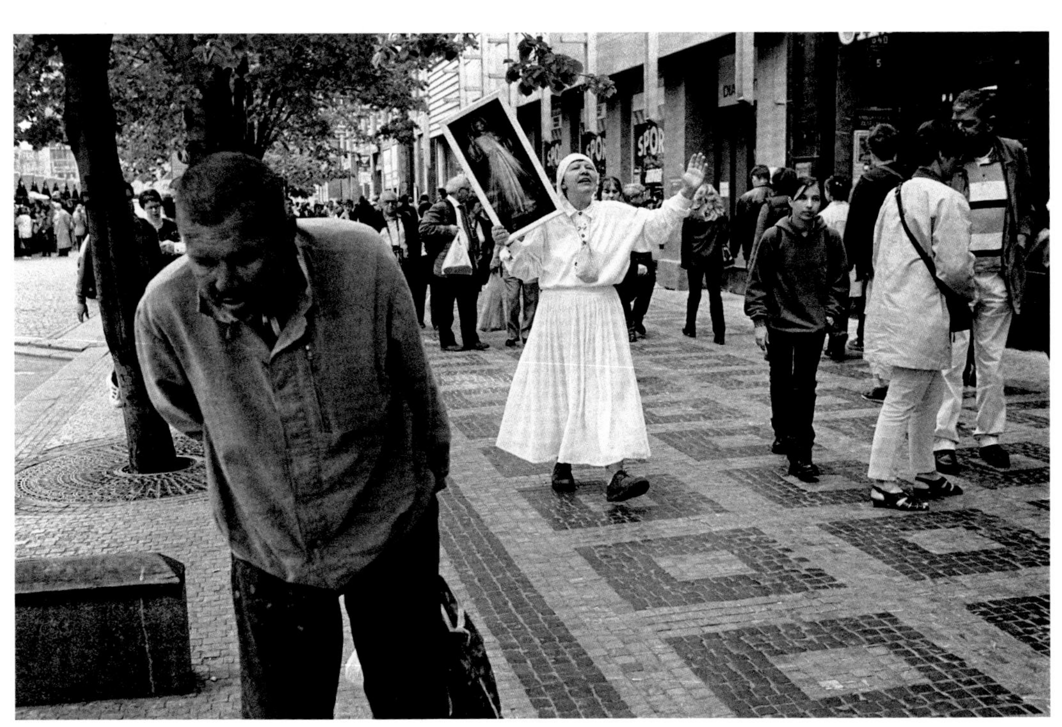

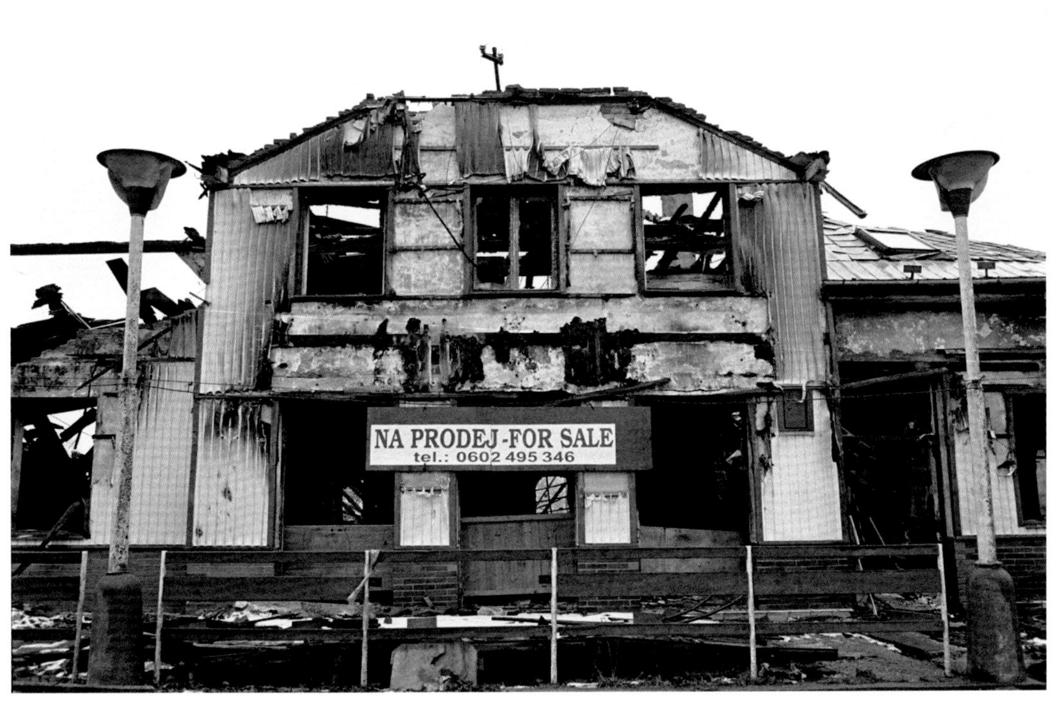

59 **Rozvadov** 1999

-SLOVAKIA / -SLOVENSKO

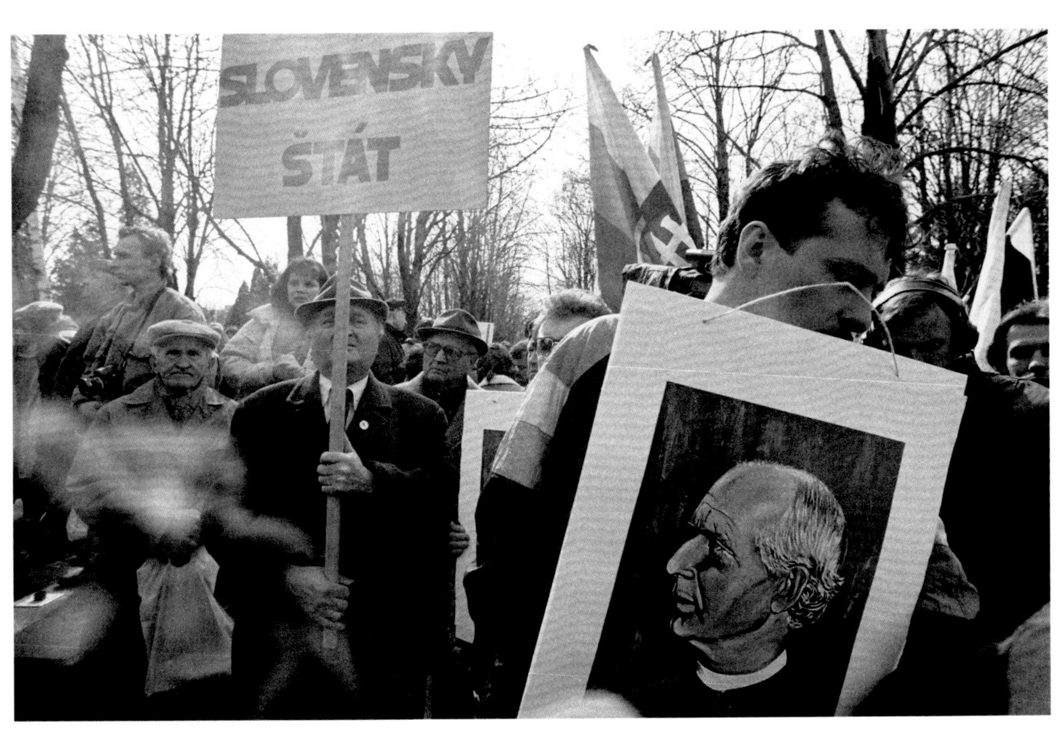
SLOVENSKÝ
ŠTÁT

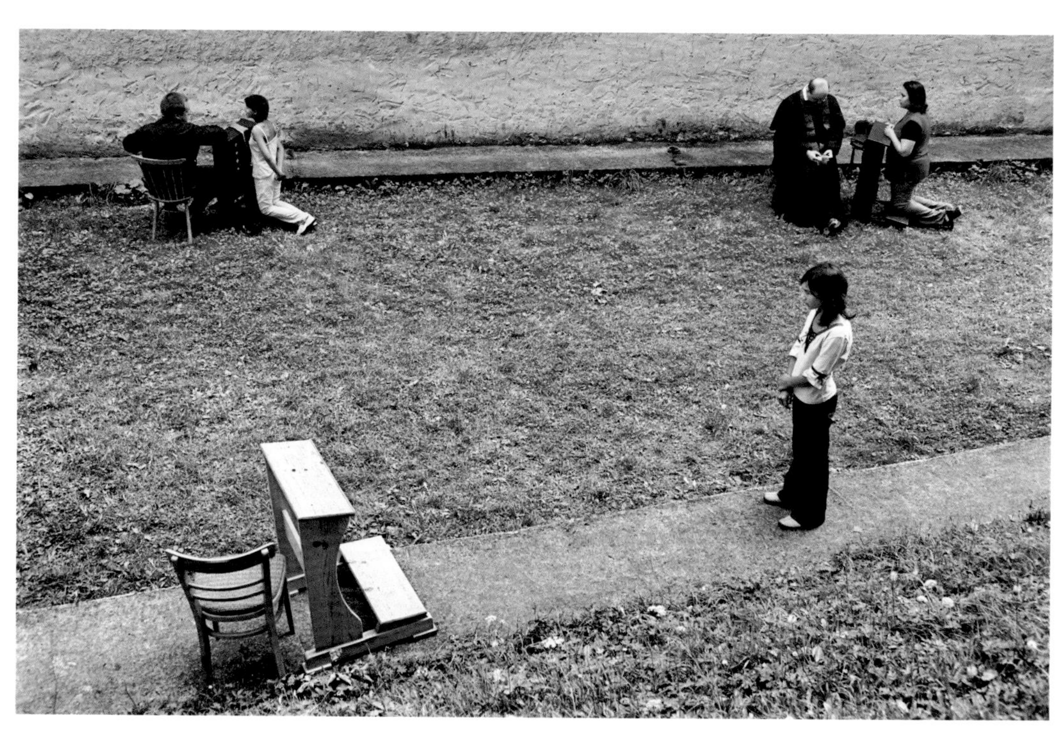

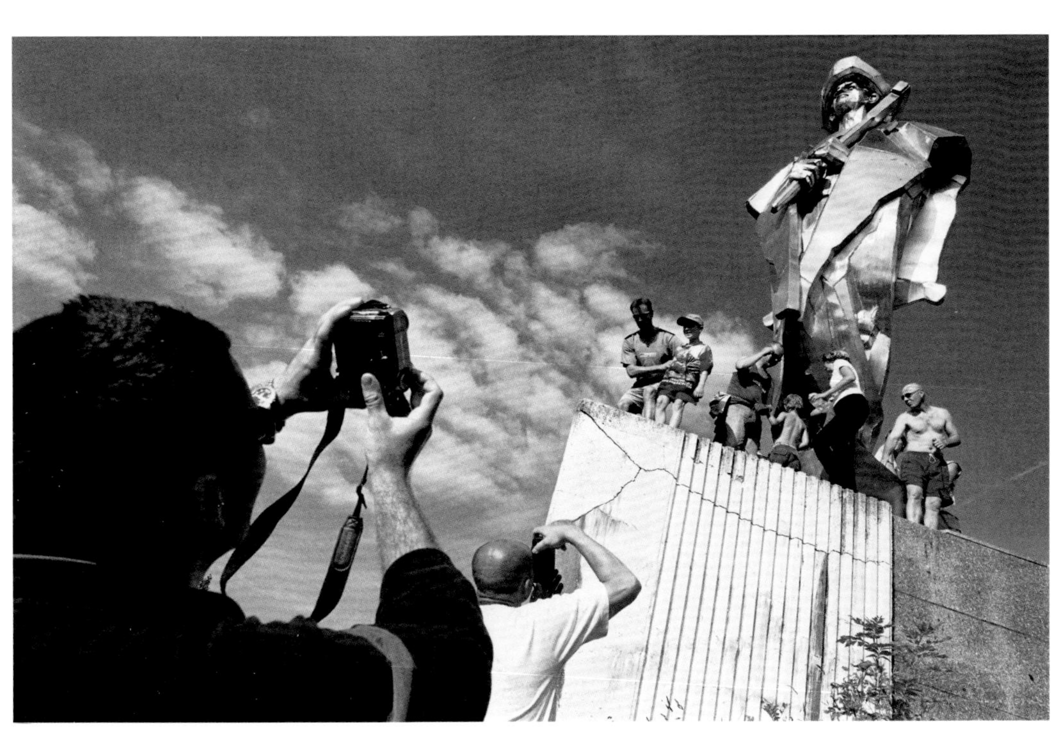

62 **Terchová** 2004

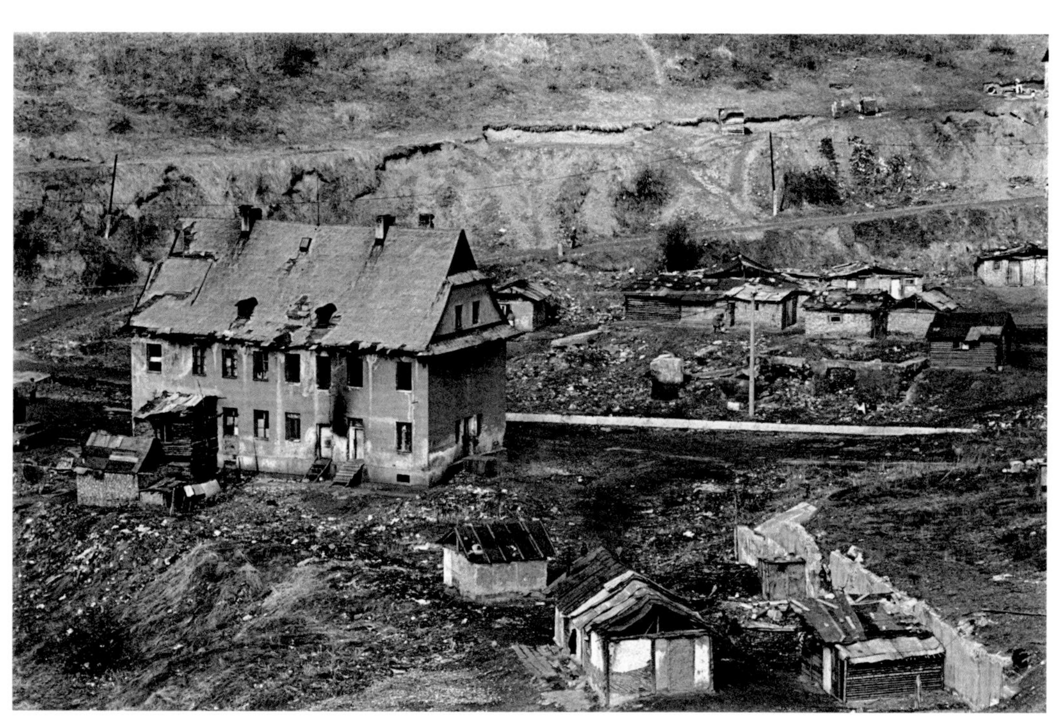

63 **Rudňany** 2000

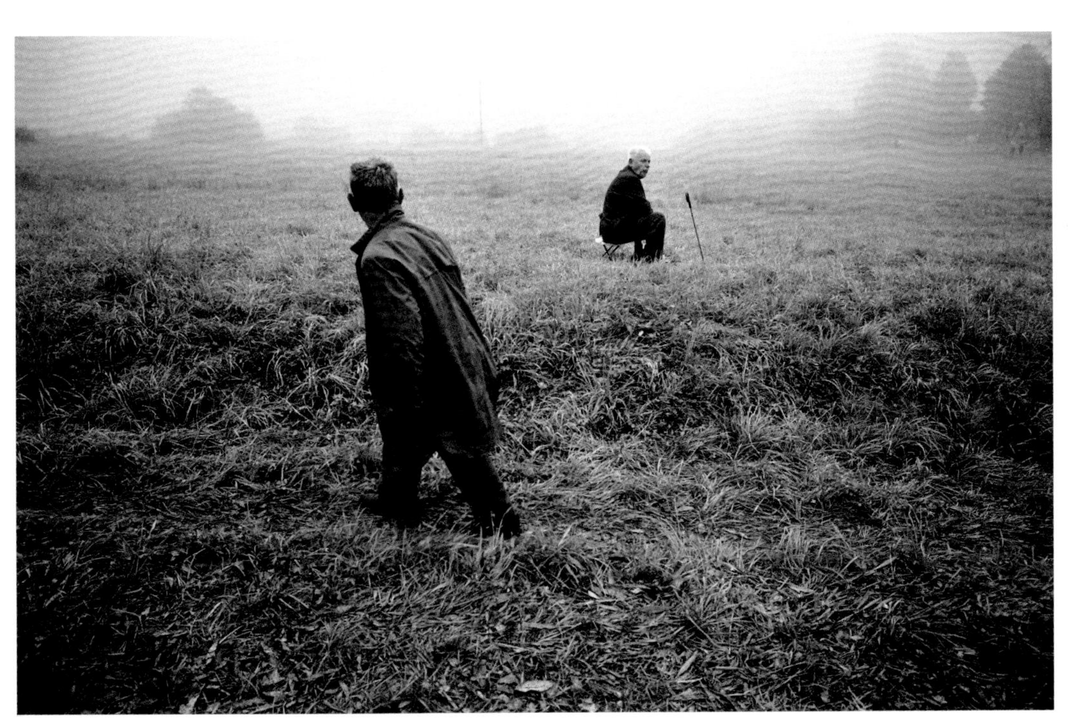

64 **Gaboltov** 2004

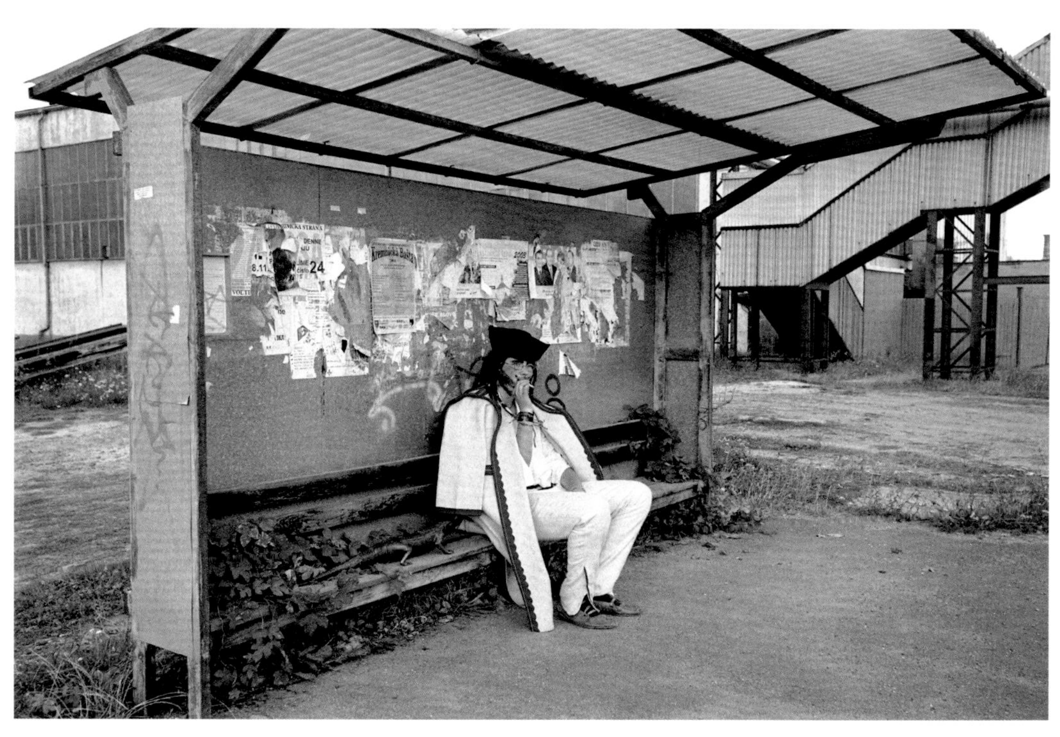

65 **Svätý Anton** 2004

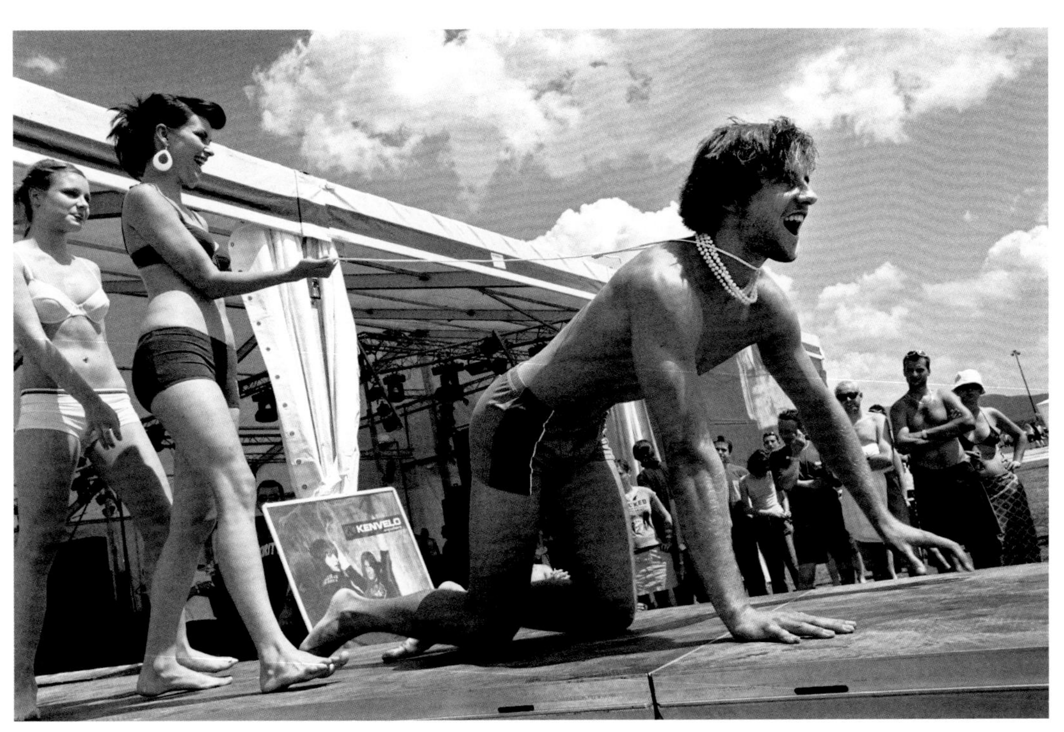

KENVELO

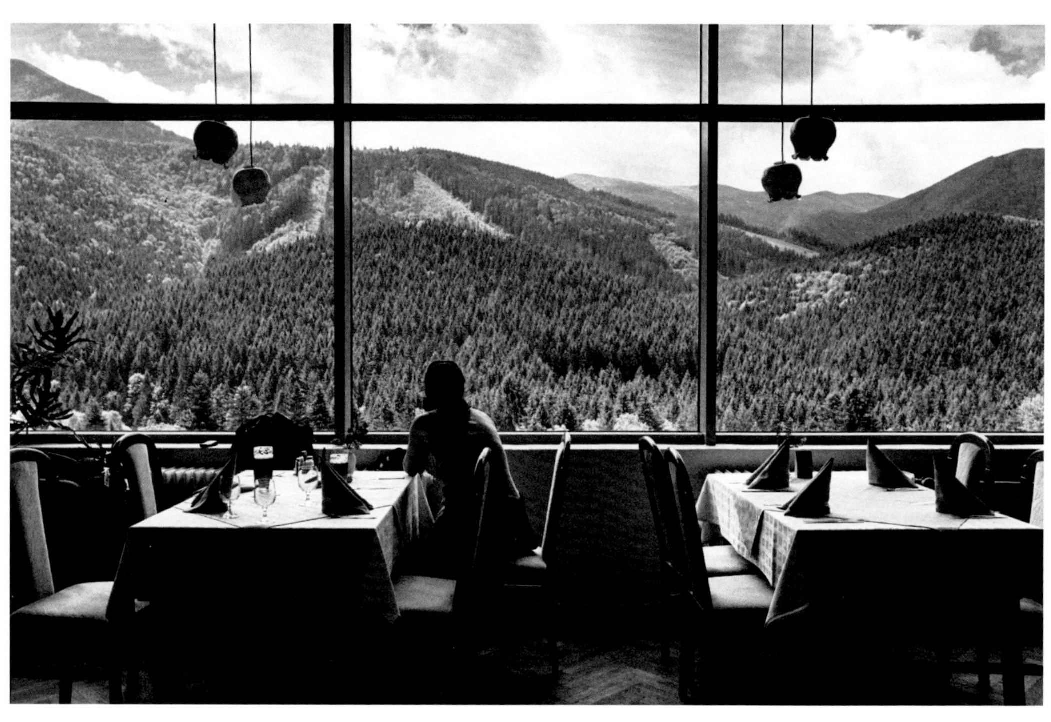

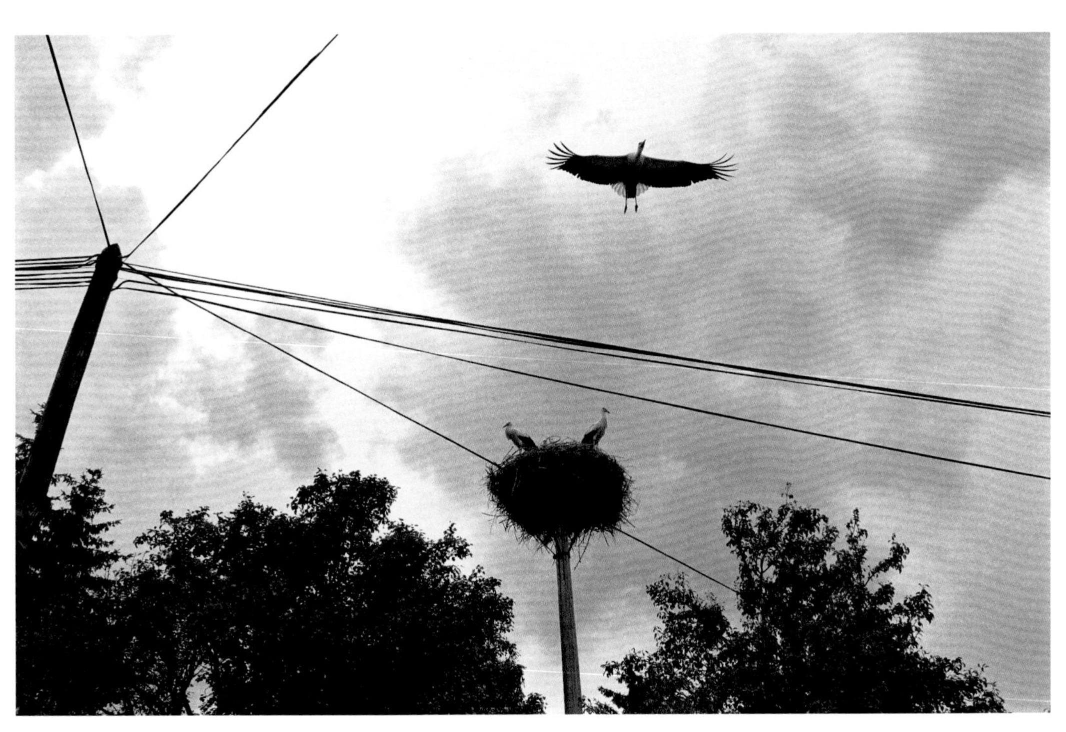

 Near Svidník / Okolí Svidníku 2004

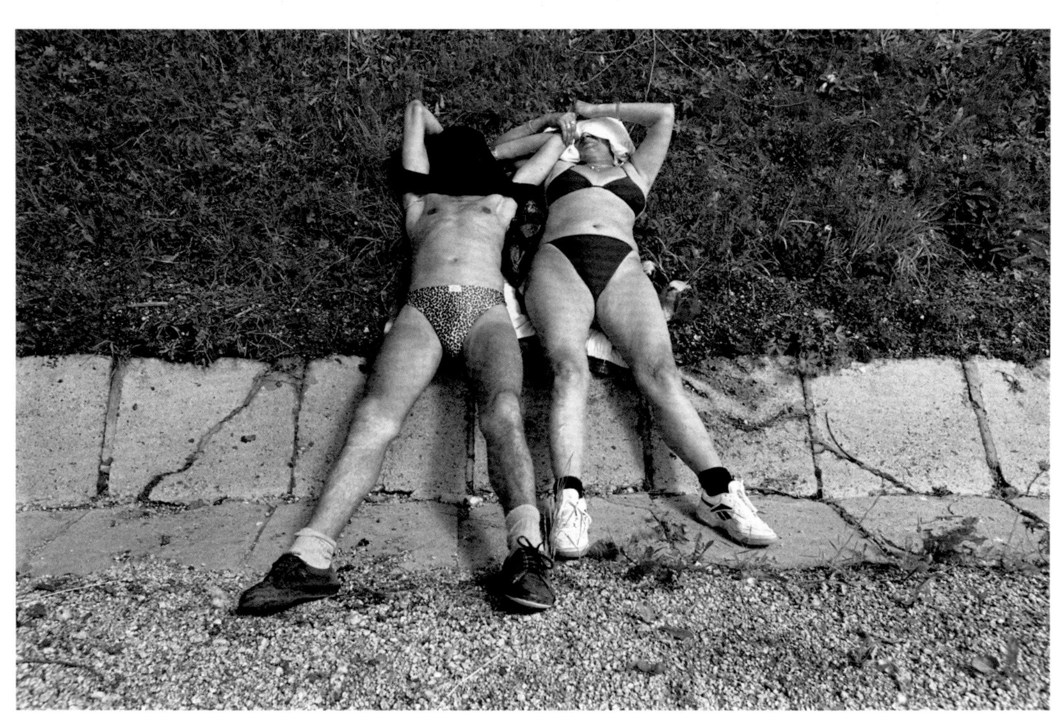

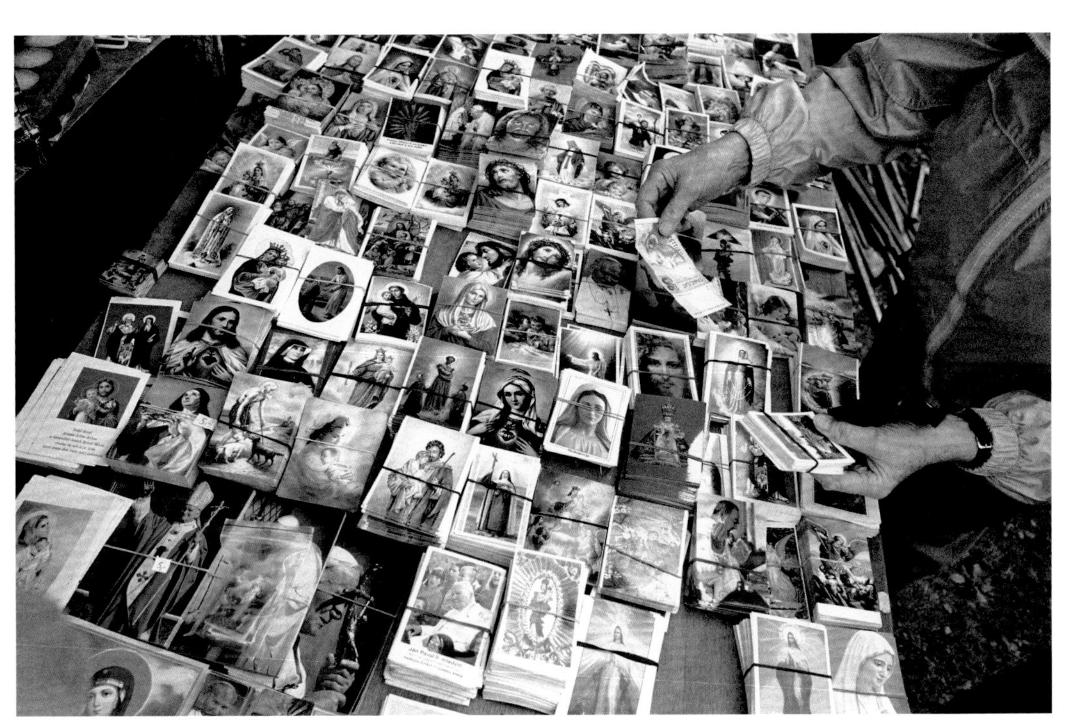

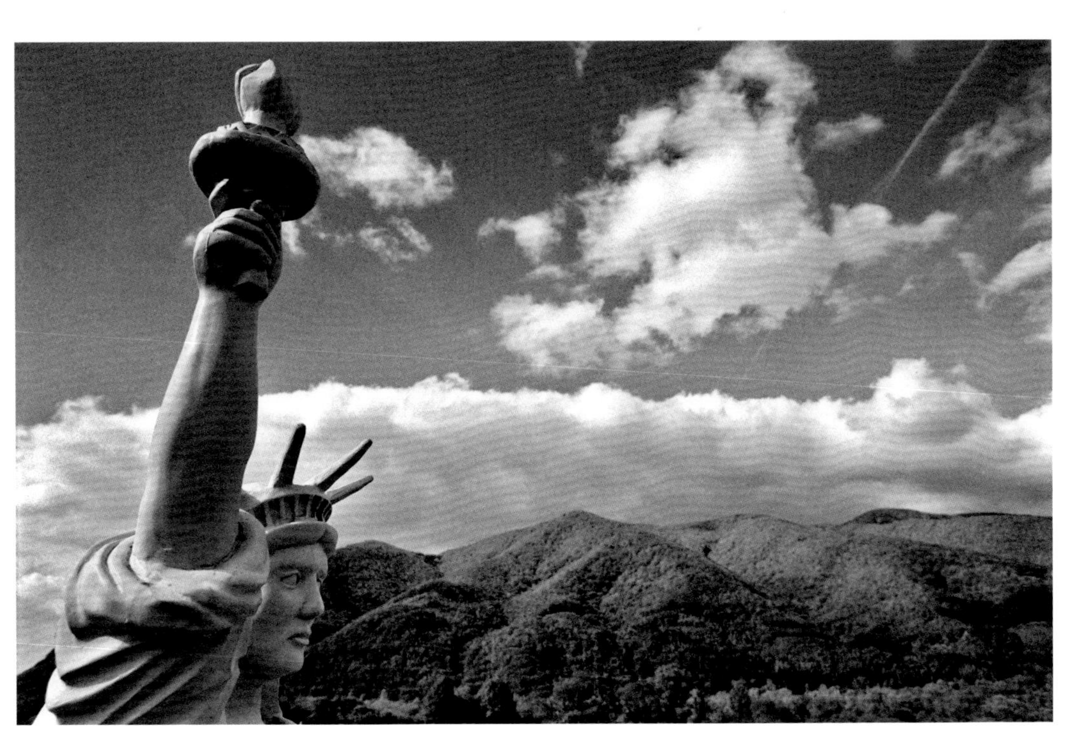

71 **Sučany** 2004

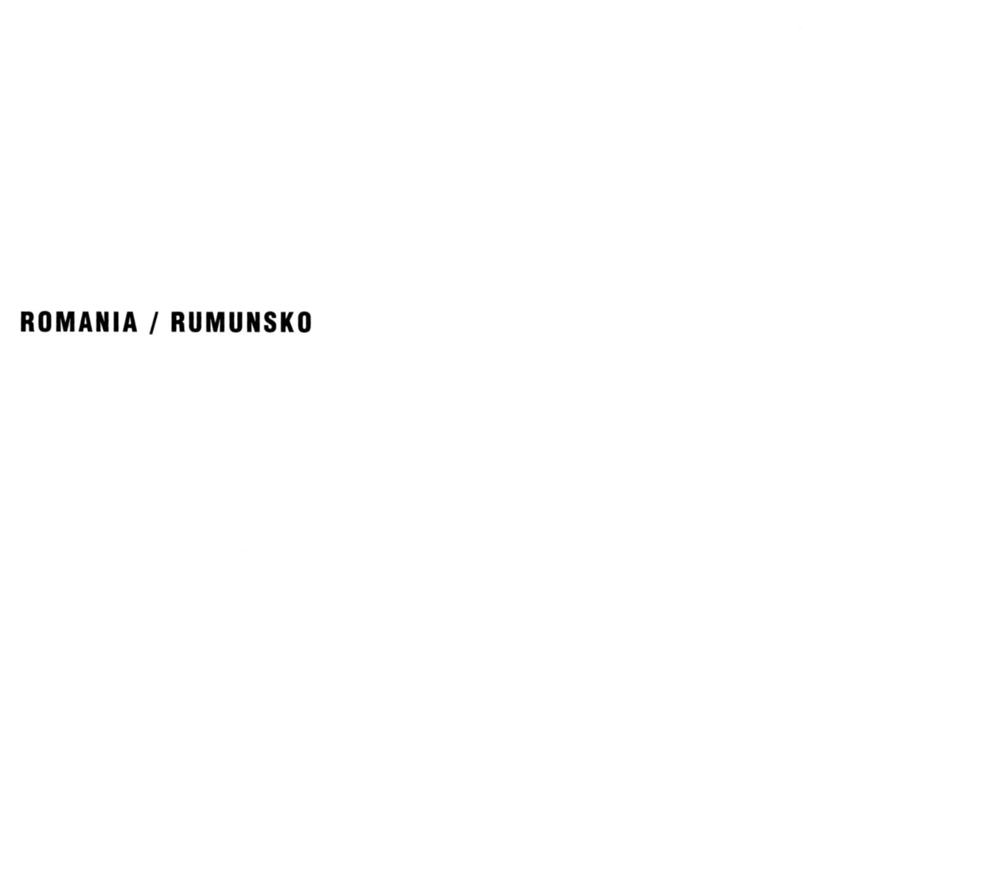

ROMANIA / RUMUNSKO

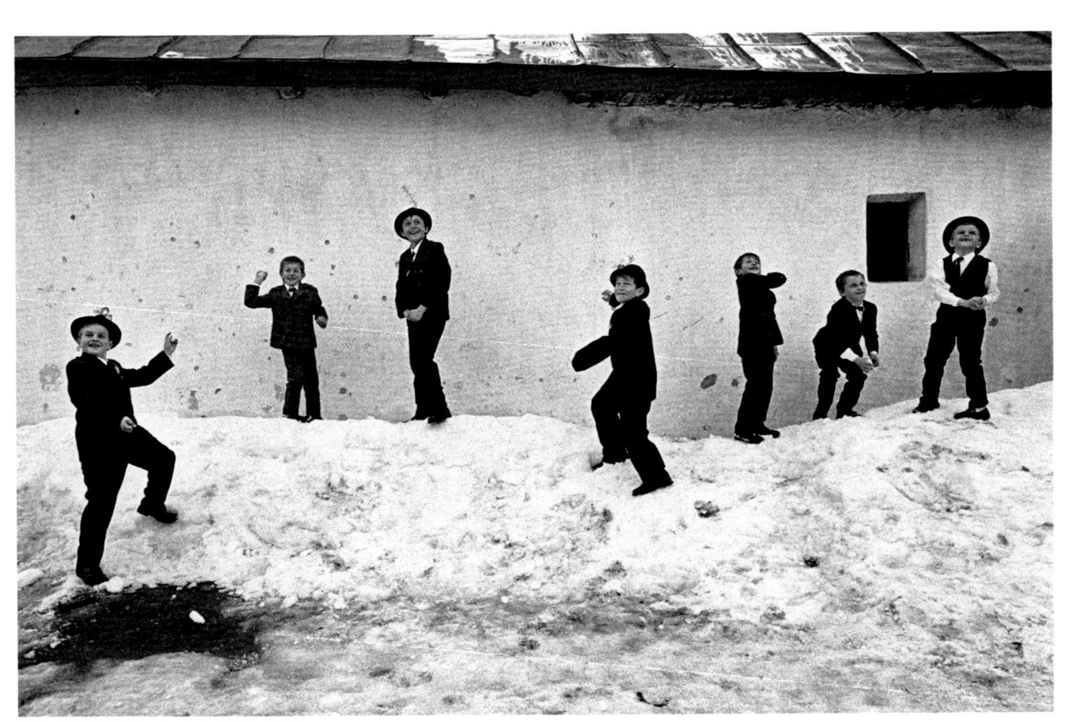

72 **Gîrnic / Gerník** 2003

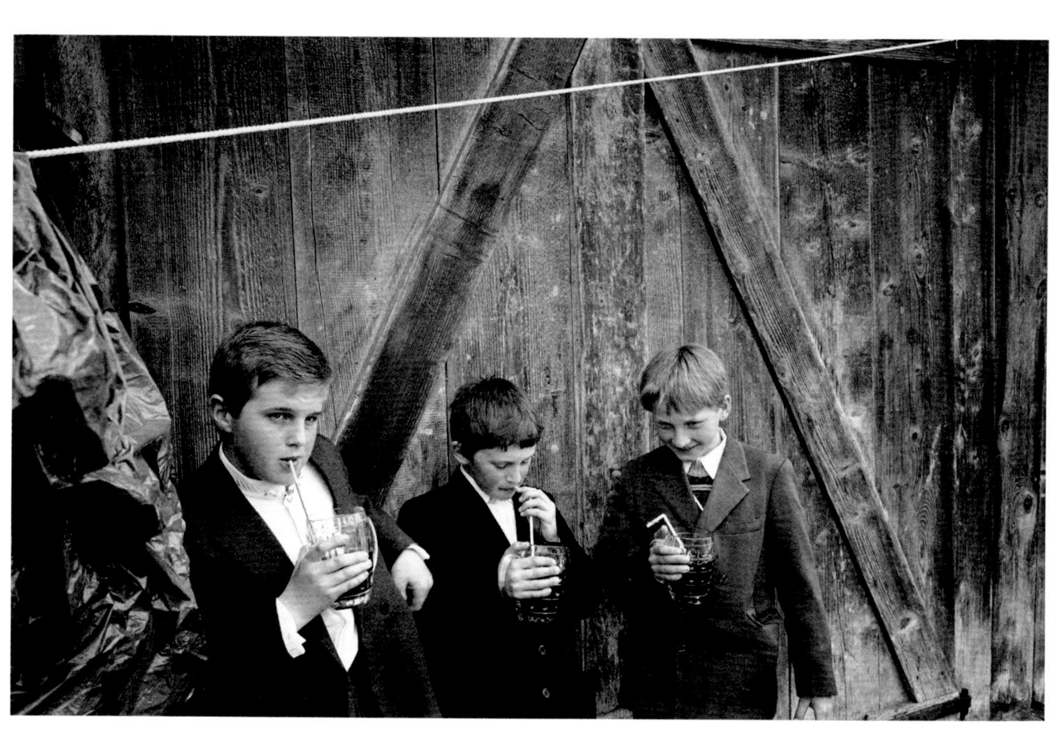

73 **Gîrnic / Gernik** 2005

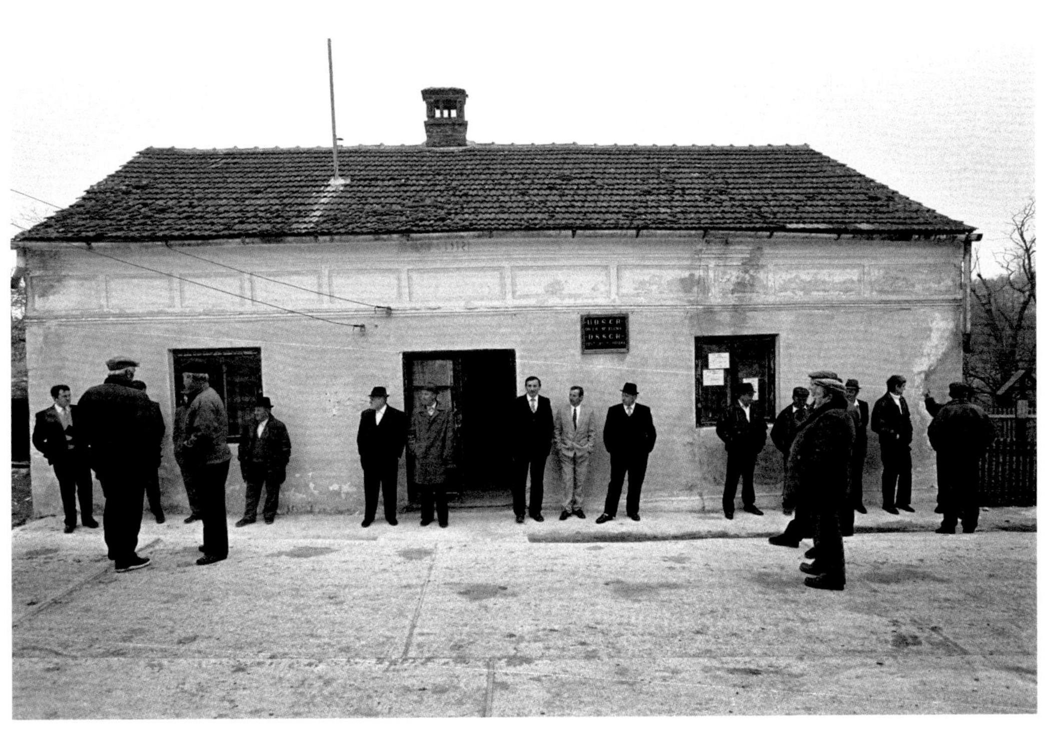

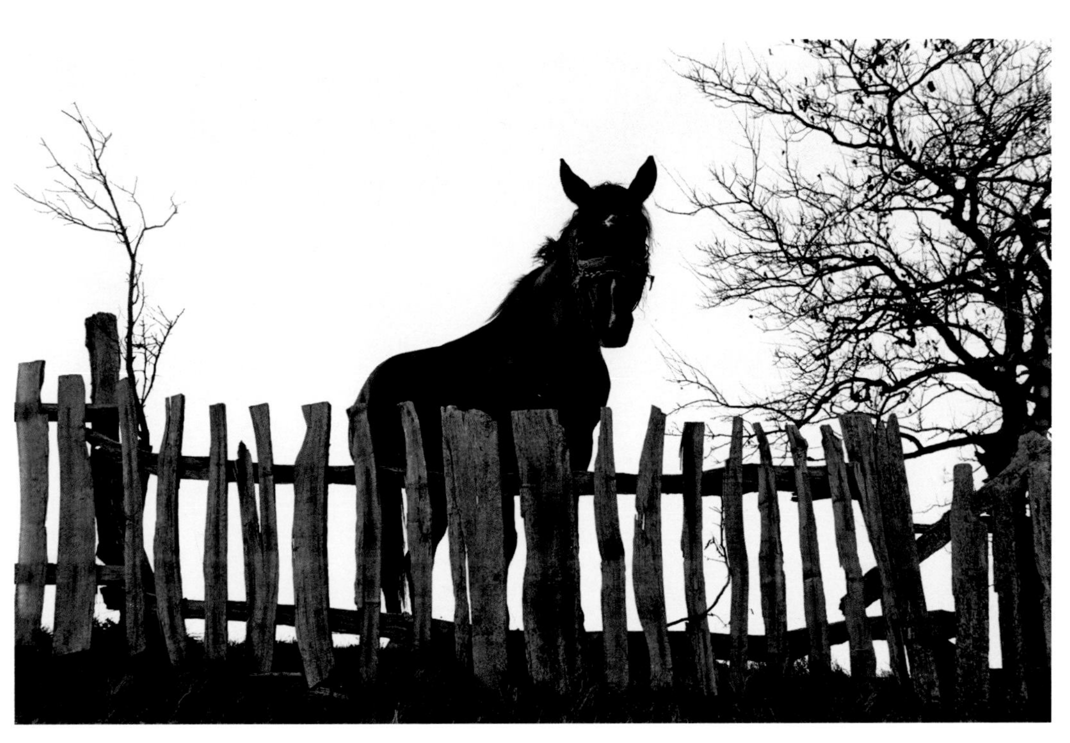

75 **Ravensca / Rovensko** 2005

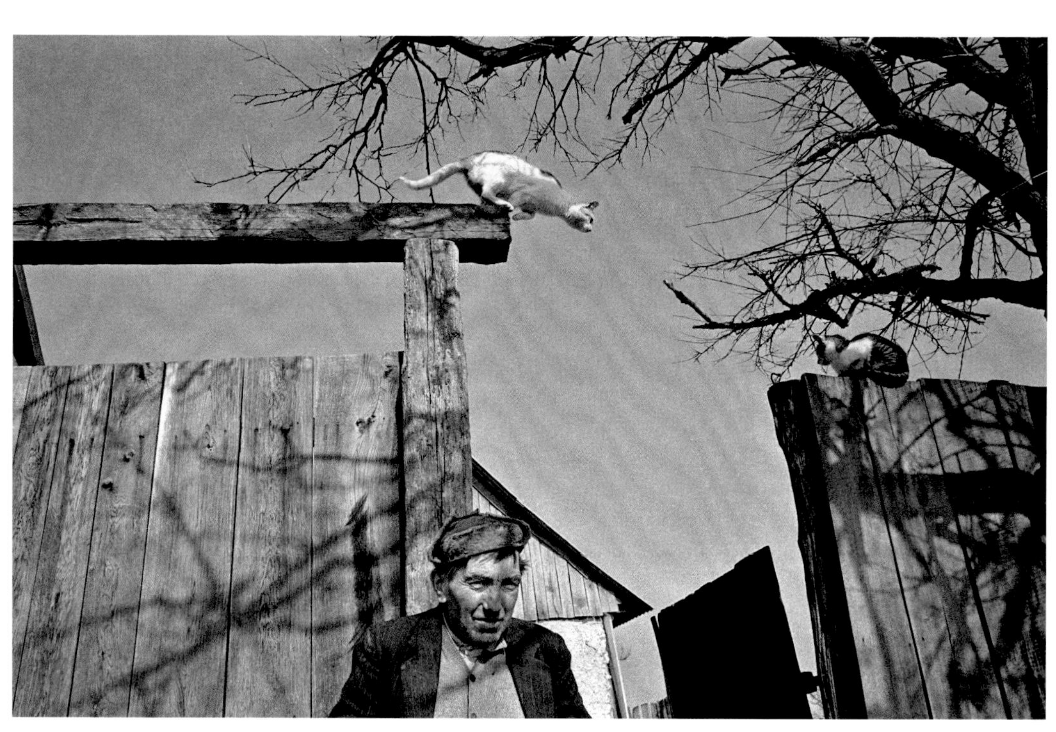

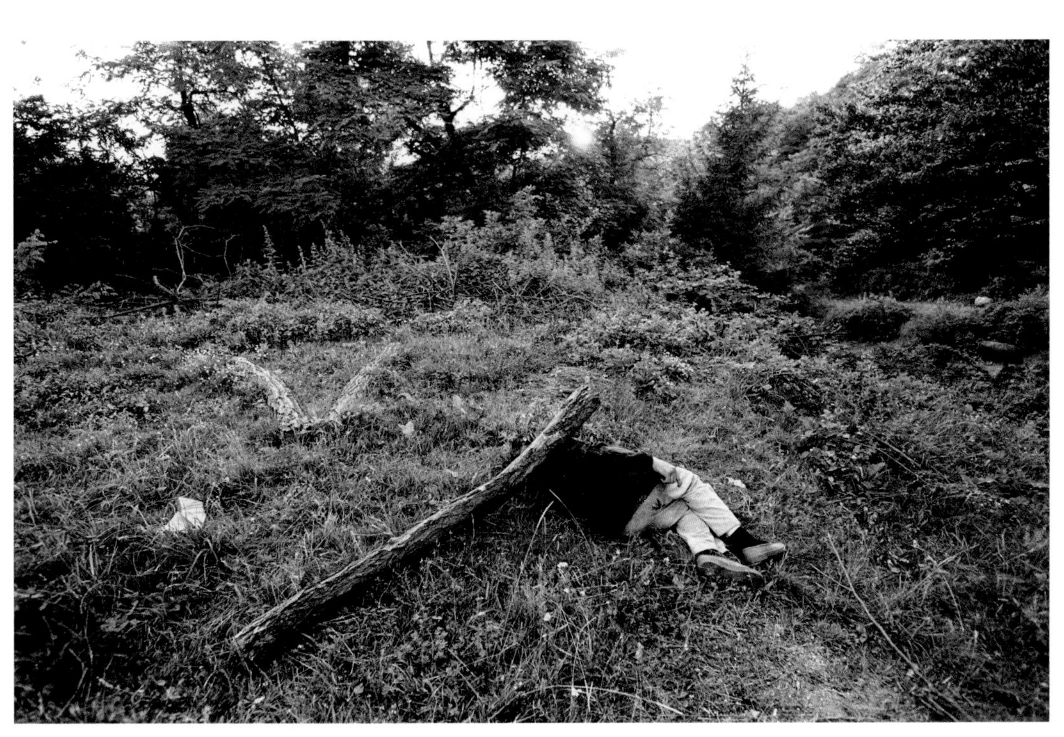

77 **Ravensca / Rovensko** 2004

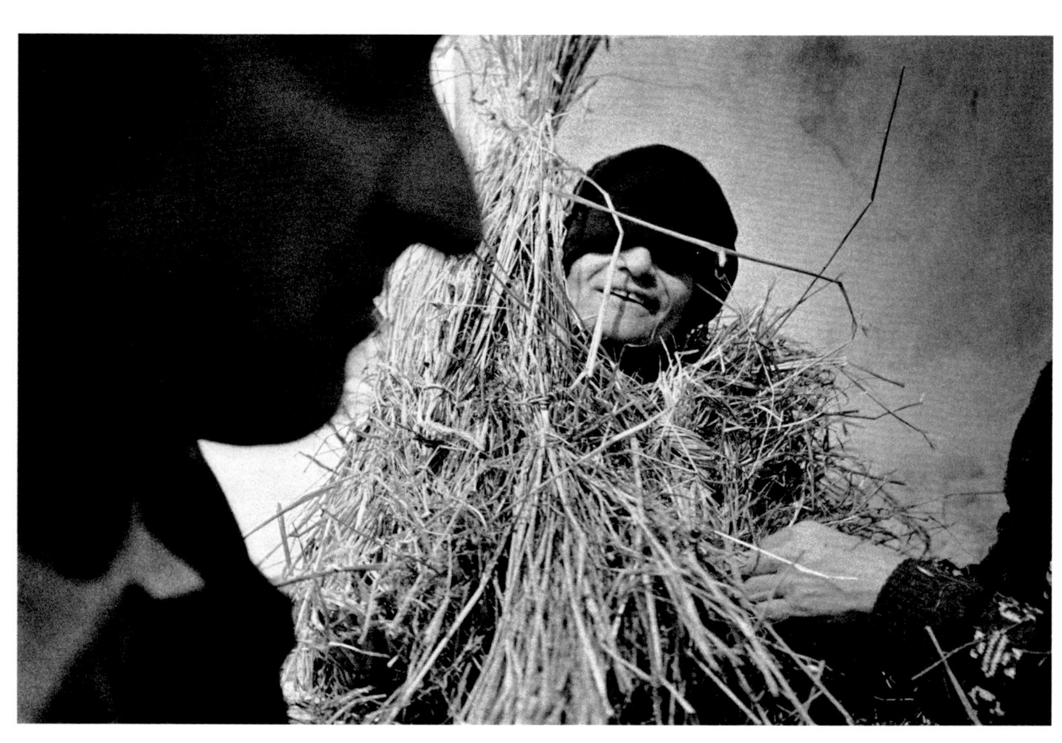

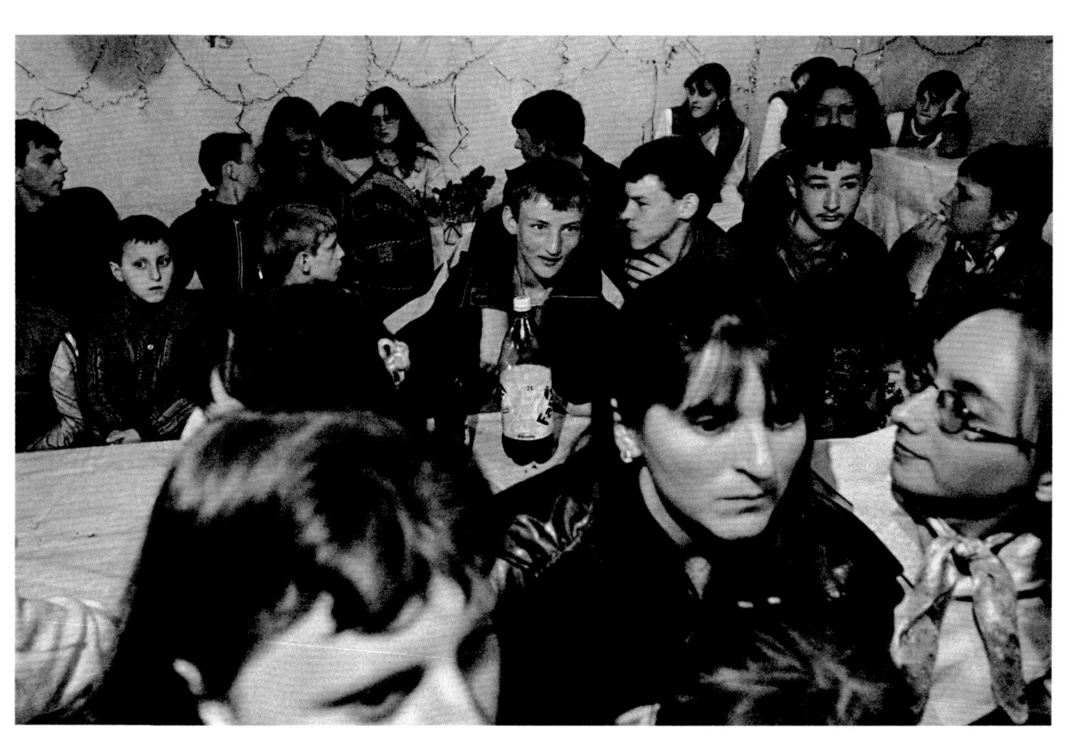

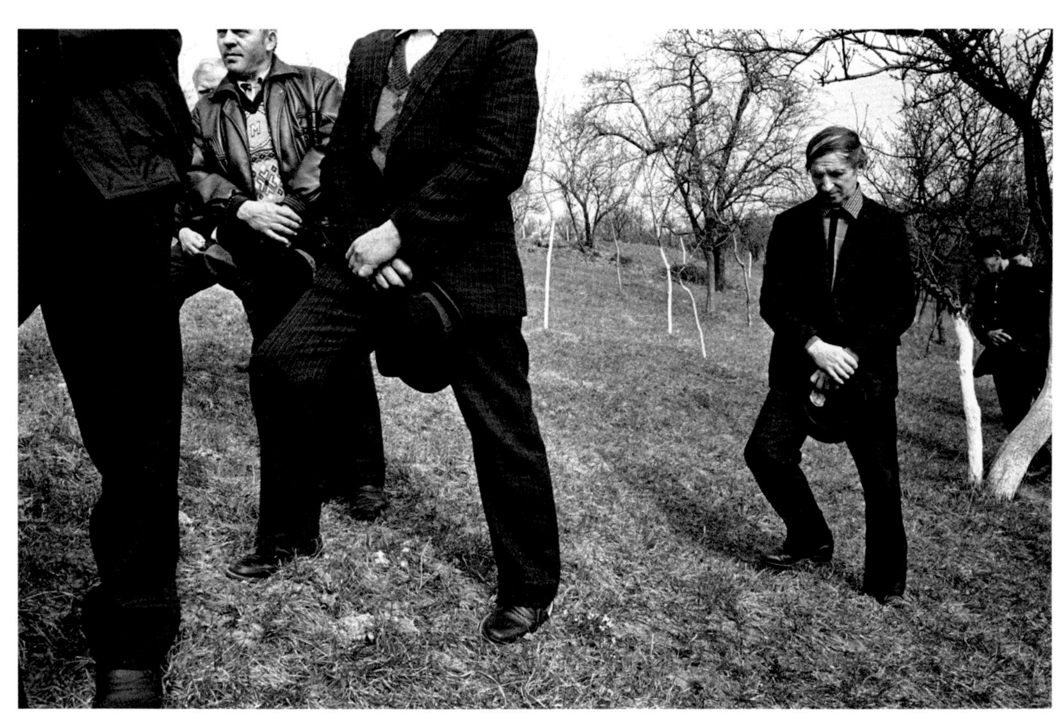

80 **Gîrnic / Gerník** 2002

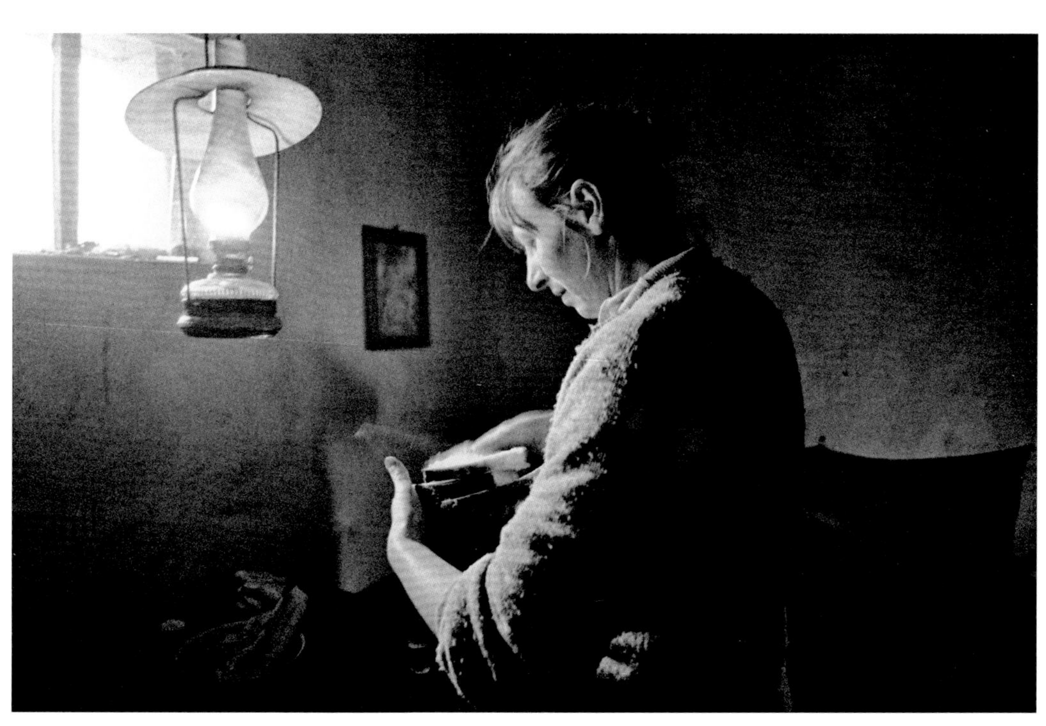

81 **Termezov** 2001

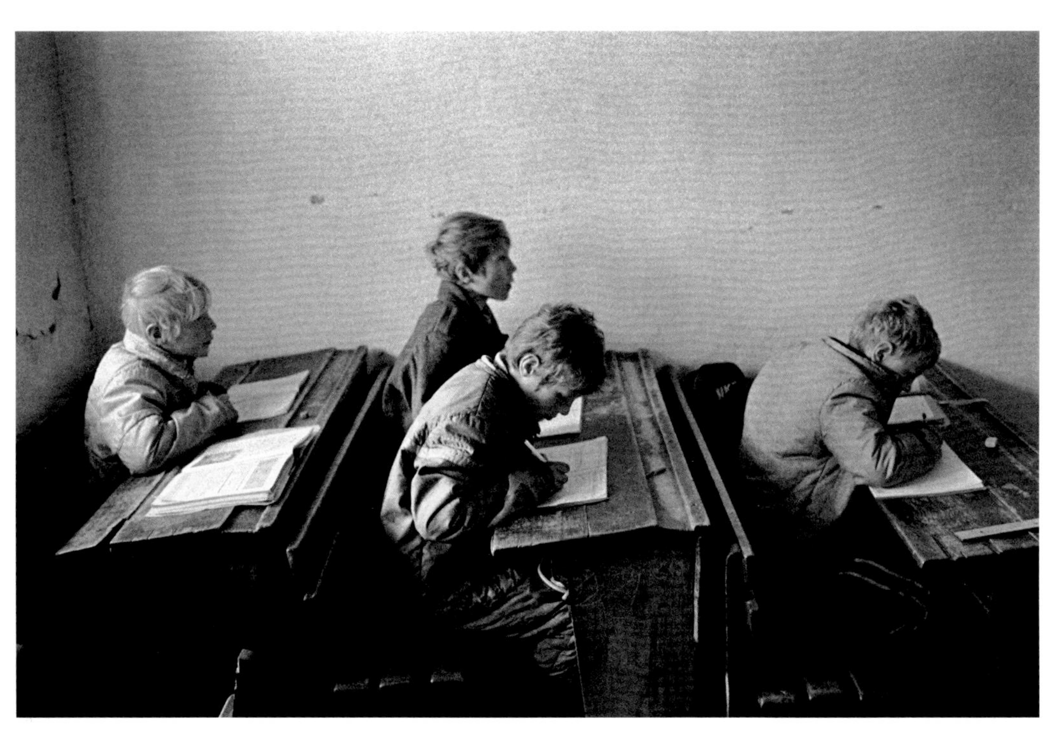

82 **Termezov** 2001

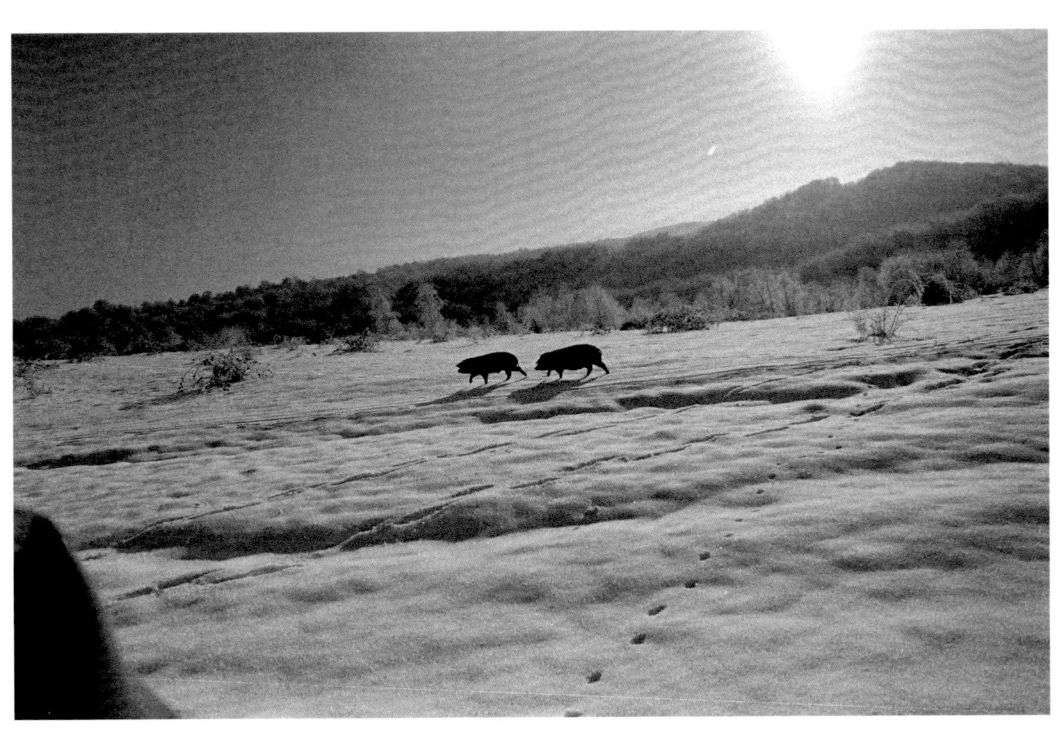

83 **Nova Huta-Gemelčička** 2001

Biographical Chronology

1963	Born 22 June, Prague.
1968–71	Lived with his parents in Alexandria, Egypt, where his father worked.
1972–76	Returned to Czechoslovakia with his parents and lived with them in Klánovice near Prague.
1976–78	Received the book *Tajemství fotografie* (The Mystery of Photography); began to take photographs while at boarding school in Miletín near Hořice, using his brother's camera; first developed film and tried to enlarge black-and-white photographs.
1978–82	Attended grammar school in Prague.
1978	His first photograph was published in the weekly *Mladý svět* (Young World) in the "Táborový oheň" (Camp Fire) section, which was for articles about the Czech phenomenon of "tramping."
1982–86	Had several jobs (accounts manager, postman, photo-lab assistant, photographer in a research institute).
1985–86	Attended the "little school" of Ján Šmok (1921–1997), in which this FAMU professor taught aspiring young photographers to think about photography in unorthodox, cliché-free ways.
1987–88	Attended FAMU (the Film and Television School of the Academy of Performing Arts), Prague, in the Department of Photography under Professor Šmok and his teaching assistant Pavel Štecha (1944–2004).
1988	Under pressure from the Communist authorities, quit school and never returned.
1988–89	To make ends meet, occasionally photographed weddings. Met opposition activists such as Ivan Lamper (who ran the *samizdat* periodical *Sport* and, after the "Velvet Revolution" started up *Respekt*, a political weekly), Stanislav Devátý (who ran SPUSA, the illicit Society of Friends of the USA), and Stanislav Penc (a dissident who helped to start up HOS, the Civil Liberties Movement in late 1988). His photos were occasionally published in the *samizdat* periodicals *Revolver Revue*, *Sport*, and *Lidové noviny*. Met the photography historian Anna Fárová, who introduced him to Christian Caujolle, director of Agence VU', Paris, with which he worked till 1992. Fárová also invited him to take part in the important Prague exhibition "37 Photographers at Na Chmelnici."
1989–90	During the Velvet Revolution, which began in mid-November 1989, the Radost art agency was started up by students for students, and Němec became a member. Began to take photographs of Václav Havel at the Civic Forum, and continued to do so after Havel was first elected president on 29 December 1989. What was first meant to be a two-week job turned into almost three year's employment: went to Prague Castle or traveled with the president throughout the country and all over the world.
1992	After Havel resigned the presidency just before the break-up of Czechoslovakia, Němec quit his job at Prague Castle, and devoted himself to free-lance photography. Became a member of AnzenbergerAgency, Vienna, and worked with periodicals abroad.
1994–95	After seeing Cuban refugees on CNN Television, traveled to Cuba, where he photographed people living under the Castro regime. For his photograph "Black Market in Havana," won Third Prize in the "Daily Life" category of the 1995 World Press Photo contest.

1997   Awarded a scholarship by KulturKontakt Austria, which supports artists from central and eastern Europe; although it was for art work done in Austria, there was no specific task or requirement to present results.

1997–2003 Returned to Prague Castle as a documentary photographer, and recorded events around President Havel, though no longer as a photographer at the "royal court," and now alternating with two or three other photographers.

1998   Part of group that was awarded a grant from the Pro Helvetia foundation, which culminated in the exhibition "Photographs of Czech Society" at Prague Castle the following year.

2001   Published *Václav Havel – Tomki Němec, Photographs* at his own expense.

2002   Ran the Photography Department of *Instinkt*, but left after a few months when this weekly began to turn sensationalist and down-market.

2003   Began to work on a long-term project with the Eurotel Foundation, documenting NGOs in the Czech Republic which help the socially, physically, and mentally disadvantaged.

2004   Received a grant from the IVO (Inštitút pre verejné otázky/Institute of Public Affairs) to take documentary photographs of Slovak society. The resulting set was exhibited in Bratislava the same year, as part of "Photography Month."

2005   For a set of photographs of Czechs of the Banat, Romania, was awarded First Prize in the Czech Press Photo contest and a grant from the City of Prague.

2007   Signed a contract to photograph regularly for *Respekt*, a weekly for which he had been working since it started up in 1990.

Životopisná data

1963   Narodil se 22. června v Praze.

1968–71   Žije s rodiči v Alexandrii, kde jeho otec pracuje.

1972–76   Vrací se s rodiči do Československa a žije s nimi v Klánovicích u Prahy.

1976–78   Dostává knihu Tajemství fotografie a během pobytu na internátní škole v Miletíně u Hořic začíná fotografovat bratrovým fotoaparátem, poprvé zde vyvolává film a snaží se zvětšovat černobílé fotografie.

1978–82   Studuje na gymnáziu v Praze.

1978   Publikuje svou první fotografii v týdeníku Mladý svět v rubrice Táborový oheň, která byla vyhrazena především příspěvkům o trampingu.

1982–86   Střídá několik zaměstnání (obchodní referent, poštovní doručovatel, fotolaborant, fotograf ve výzkumném ústavu).

1985–86   Navštěvuje pražskou „školičku" profesora Jána Šmoka, v níž tento vysokoškolský pedagog učí adepty fotografie neortodoxně a neotřele přemýšlet o fotografii.

1987–88   Studuje na pražské Filmové akademii múzických umění na Katedře fotografie pod vedením profesora Jána Šmoka a odborného asistenta Pavla Štechy.

1988   Studium na nátlak komunistických státních orgánů přerušuje – a nikdy se k němu již nevrátí.

1988–89   Příležitostně pro obživu fotografuje svatby. Seznamuje se s opozičními aktivisty Ivanem Lamperem, Stanislavem Devátým, Stanislavem Pencem a dalšími. Příležitostně publikuje v samizdatových časopisech Revolver Revue, Sport, Lidové noviny a jiných. Seznamuje se s historičkou fotografie Annou Fárovou, která jej představuje Christianu Caujolleovi, řediteli francouzské Agence VU'. S VU' pak spolupracuje až do roku 1992. Fárovou je přizván k účasti na důležité pražské výstavě 37 fotografů na Chmelnici.

1989–90 V revolučních dnech listopadu 1989 vzniká na Katedře fotografie FAMU studentská Agentura Radost, jejímž se stává členem. Začíná fotografovat Václava Havla v Občanském fóru až po první volbu prezidenta republiky 29. prosince 1989. Z plánovaných dvou týdnů se poté stalo bezmála tříleté angažmá: dochází na Pražský hrad nebo cestuje s prezidentem po republice a po světě.

1992 Po abdikaci Václava Havla na funkci československého prezidenta ukončuje na Pražském hradě pracovní poměr. Věnuje se fotografování ve svobodném povolání. Stává se členem AnzenbergerAgency ve Vídni a spolupracuje se zahraničním i českým tiskem.

1994–95 Po zhlédnutí záběrů televize CNN na kubánské uprchlíky odjíždí na Kubu, kde fotografuje život lidí pod režimem Fidela Castra. Za fotografii Černý trh v Havaně získává na World Press Photo 1995 třetí cenu v kategorii Každodenní život.

1997 Získává stipendium KulturKontakt Austria. Stipendium podporuje umělce ze střední a východní Evropy, je vázáno na tvorbu vzniklou na území Rakouska, avšak je bez konkrétního zadání a bez povinnosti předložit konkrétní výstup.

1997–2003 Vrací se jako dokumentarista na Pražský hrad. Od té doby zaznamenává dění kolem prezidenta Havla nikoliv již jako jeho „dvorní" fotograf, nýbrž střídavě se dvěma až třemi dalšími fotografy.

1998 Stává se členem skupinového grantu nadace Pro Helvetia, který byl následujícího roku završen výstavou Fotografie české společnosti na Pražském hradě.

2001 Vydává vlastním nákladem knihu Václav Havel – Tomki Němec, Photographs.

2002 Vede fotooddělení nově vzniklého týdeníku Instinkt, odkud odchází po několika měsících, neboť časopis se začal bulvarizovat.

2003 Začíná spolupracovat s Nadací Eurotel na dlouhodobém projektu dokumentování neziskových organizací v České republice, které pomáhají sociálně, tělesně či mentálně postiženým lidem.

2004 Získává grant IVO (Inštitútu pre verejné otázky) zaměřený na dokumentování slovenské společnosti. Výsledný soubor představuje téhož roku v Bratislavě v rámci tamějšího Měsíce fotografie.

2005 Za soubor fotografií českých krajanů v rumunském Banátu získává první cenu v soutěži Czech Press Photo a grant hlavního města Prahy.

2007 Podepisuje kontrakt, na jehož základě pravidelně fotografuje pro týdeník Respekt, s nímž spolupracuje od počátku jeho existence (časopis vznikl v roce 1990).

Solo Exhibitions / Samostatné výstavy

1995	*Václav Havel – Photographs* (s Bohdanem Holomíčkem), radnice ve městech Doetinchem, Rijswijk, Barendrecht, Almere, Tilburg, Hoorn, Waadinxveen, Rotterdam, Harderwijk
1996	*Václav Havel – Fotografie*, Malá výstavní síň, Liberec
1996	*Václav Havel – Photographs* (s Bohdanem Holomíčkem), České centrum, New York; České centrum, Berlin; České centrum, Warszawa; České centrum, Dresden; České centrum, Moskva; České centrum, Budapest
1999	*Václav Havel – Fotografie*, Galéria Profil, Bratislava
2002	*Václav Havel – Photographs*, Památník revoluce roku 1989, Timisoara; Teatrual National, Bucuresti; Crown Plaza, Bucuresti
2002	*Václav Havel – Photographs*, Galerie Universitet, Kyjev
2003	*Václav Havel – Tomki Němec / Anzenberger, evening screening*, L'EST par L'EST, Perpignan
2003	*Václav Havel – Photographs*, La Muzeul National de Arta Plastice, Kišiněv
2003	*Václav Havel – Photographs*, České centrum, Dresden; České centrum, Stockholm; České centrum, München
2003	*Václav Havel – Photographs*, Athens
2003	*Václav Havel – Photographs*, Seoul
2003	*Václav Havel – Photographs*, Teatro Nacional, Lisbõa
2004	*Fotografie*, Galerie wwg.cz, Praha
2004	*Slovensko 004*, Dom umenia, Bratislava

Exhibitions for the O_2 Foundation / Výstavy pro Nadaci O_2

2004	Exhibitions as part of the press conferences of the Eurotel Foundation Regional Grants programme / Výstavy v rámci tiskových konferencí programu Regionální granty Nadace Eurotel, Brno a Praha
2004	Photography exhibition as part of the prize-giving ceremony of the 2004 Eurotel Foundation Prize / Výstava fotografií v rámci slavnostního vyhlášení Ceny Nadace Eurotel za rok 2004, klášter minoritů sv. Jakuba, Praha
2005	Photography exhibition as part of the "Children Don't Belong in Instituions" seminar of the Střep organization / Výstava fotografií v rámci semináře Děti do ústavů nepatří občanského sdružení Střep, Hotel Olšanka, Praha
2005	Exhibition as part of the ceremonial announcement of the Top Corporate Philanthropist / Výstava v rámci slavnostního vyhlášení žebříčku Top Firemní Filantrop 2005, Palác Lucerna, Praha
2005	Exhibition as part of the prize-giving ceremony of the 2005 Eurotel Foundation Prize / Výstava v rámci slavnostního vyhlášení Ceny Nadace Eurotel za rok 2005, Švandovo divadlo, Praha

2006	Exhibition as part of the prize-giving ceremony of the 2006 O_2 Foundation Prize / Výstava v rámci slavnostního vyhlášení Ceny Nadace O_2 za rok 2006, Lighthouse Praha, Praha
2007	Exhibition on the occasion of the international CSR Forums of Telefónica O_2 Europe / Výstava u příležitosti mezinárodního CSR Fóra společnosti Telefónica O_2 Europe, Grandhotel Pupp, Karlovy Vary
2007	Exhibition as part of the prize-giving ceremony of the 2007 O_2 Foundation Prize / Výstava v rámci slavnostního vyhlášení Ceny Nadace O_2 za rok 2007, Austria Praha, Praha

Selected Group Exhibitions / Účast na skupinových výstavách (výběr)

1988	*Mloda czeska fotografia socjologiczna*, Bielska Galeria Fotografii, Bielsko-Biala
1989	*37 fotografů na Chmelnici*, Junior klub Na Chmelnici, Praha
1989	*Československý listopad*, Galerie Mánes, Praha
1990	*L'année de l'Est / Rok východu*, Musée de l'Elysée, Lausanne – Palais de Beaulieu, Lausanne
1990	*La révolution de velours, Par les photographes de l'agence Radost*, Salles du Museé Lapidaire, Lectoure (Gers), 28. 7.–27. 8. 1990 & Centre Culturel d'Agen (Lot-et-Garonne), 5.–28. 10. 1990.
1991	*World Press Photo exhibition*
1994	*World Press Photo exhibition*
1999	*Czech Photography of the 1990s*, Chicago Cultural Center, Chicago
1999	*Fotografie české společnosti*, Nejvyšší purkrabství Pražského hradu, Praha
1999	*Dvaja prezidenti*, Galéria Profil, Bratislava
2000	*Václav Havel – Symbol svobody*, Galerie Veselý výlet, Pec pod Sněžkou
2002	*Dárek na rozloučenou*, Leica Gallery Prague, Praha
2005	*001 – Slovensko – 005*, Bratislavský hrad, Bratislava
	Pražský hrad ve fotografii 1939–89, Tereziánské křídlo Starého královského paláce Pražského hradu, Praha

Bibliography / Literatura

Books / Knihy

Listopad 1989 – portfolio událostí sametové revoluce, Praha, Nakladatelství Radost 1990.

Jan Palach, Praha, Nakladatelství AA agentury Radost 1990.

Pápež Jan Pavol II. – Praha, Velehrad, Bratislava, Martin, Osveta 1990.

Becher, Peter & Ettl, Hubert: *Böhmen. Blick über die Grenze. Reise-Lesebuch*, Viechtach, Lichtung Verlag 1991.

Kriseová, Eda: *Václav Havel. Životopis*, Brno, Atlantis 1991.

Kriseová, Eda: *Václav Havel. Dichter und Präsident: Die autorisierte Biografie*, Reinbek bei Hamburg, Rowohlt Taschenbuch Verlag 1993.

Havel, Václav: *Toward a Civic Society. Selected Speeches and Writings*, Praha, Nakladatelství Lidové noviny 1994.

Rakušanová, Lída: *Václav a Dagmar Havlovi. Dva osudy v jednom svazku*, Praha, Gallery a Gema Art 1997.

Anzenberger, Regina Maria (ed.): *22 Photographers*, Zürich, Edition Stemmle 1997.

Keane, John: *Vaclav Havel. A Political Tragedy in Six Acts*, London, Bloomsbury 1999.

Keane, John: *Václav Havel. Politická tragédie v šesti dějstvích*, Praha, Volvox Globator 1999.

Rakusan, Ludmila: *Vaclav und Dagmar Havel. Eine Prager Geschichte*, München, Langen Müller 1999.

Birgus, Vladimír & Vojtěchovský, Miloslav: *Česká fotografie 90. let*, Praha, Kant 1999.

Birgus, Vladimír & Scheufler, Pavel: *Fotografie v českých zemích 1939–1999, chronologie*, Praha, Grada ve spolupráci s nakladatelstvím Kant 1999.

Němec, Tomki: *Václav Havel. Photographs*. Introduction by Jacques Rupnik, translated by Derek Paton, Praha, Tomki Němec 2001.

Matocha, Pavel: *Castrovi vězni*, Brno, Jota 2001.

Yapp, Nick: *1990s. Decades of the 20th Century*, Köln, Könemann 2001.

Němec, Tomki & Hladík, Michal (eds.): *Havel. Fotografie / Photographs*, Liberec, Knihy 555 2002.

Czech Press Photo – Fotografie desetiletí / Photographs of the Decade, Praha, Czech Photo o.p.s. 2004.

Anzenberger, Regina Maria (ed.): *Faces & Places*, Vienna, AnzenbergerAgency 2005.

Bratislava zadným vchodom 1918–2005 / Bratislava by the Backdoor 1918–2005, Bratislava, Fotofo-Stredoeurópsky dom fotografie 2005.

Tóth, Barbara: *Karl von Schwarzenberg. Die Biografie*, Wien, Carl Ueberreuter 2005.

Havel, Václav: *Prosím stručně*, Praha, Gallery 2006.

Havel, Václav: *Fassen Sie sich bitte kurz. Gedanken und Erinnerungen zu Fragen von Karel Hvizďala*, Reinbek, Rowohlt, 2007.

Havel, Vaclav: *L'udienza*, Udine, Editricie Universitaria Udinese srl – Forum Edizioni 2007.

Pražský hrad ve fotografii 1939–1989 / Prague Castle in Photographs 1939–1989, Praha, Kant 2007.

Tóthová, Barbara: *Karel Schwarzenberg. Životopis*, Praha, Torst 2007.

Exhibition Catalogs / Katalogy výstav

Mloda czeska fotografia socjologiczna, Bielsko-Biała, Bielska Galeria Fotografii 1988.
Fárová, Anna: *37 fotografů na Chmelnici*, Praha, Junior klub Na Chmelnici 1989.
La révolution de velours, Par les photographes de l'agence Radost. Salles du Musée Lapidaire,
     Lectoure (Gers) & Centre Culturel d'Agen (Lot-et-Garonne) 1990.
Yearbook 1995. World Press Photo, London, Thames & Hudson 1995.
Gastateliers 1997–98, Wien, KulturKontakt Austria 1998.
1999 – Fotografie české společnosti (Photographs of Czech Society), Praha
     a Lomnice nad Popelkou, České foto v nakladatelství Studio JB 2000.
Václav Havel – Symbol svobody, Pec pod Sněžkou, Galerie Veselý výlet 2000.
Mesiac fotografie 2004, Bratislava, Fotofo 2004.
Revers. Putovní výstava sociální fotografie, České Budějovice, Jihočeská rozvojová o.p.s. 2007.

Interviews / Rozhovory

Chuchma, Josef: Nejsem žurnalista!, *Lidové noviny*, 12. 5. 1990.
Bartuška, Václav: Fotograf a jeho prezident, *Mladý svět*, 1992, č. 37.
Mejstřík, Martin: Galerie A.F.F.A., *Kavárna A.F.F.A*, 1995, č. 4.
Smola, Josef: Nejlepší snímky si dělám pro sebe, *Večerník Praha*, 3. 11. 1995.
Volf, Petr: Takoví jsme byli, *Reflex*, 2001, č. 3.
Homolová, Marie: Jak jsem fotografoval prezidenta, *Lidové noviny*, 27. 10. 2001.
Chuchma, Josef: Záběry z časů, kdy vše bylo nové, *MF Dnes*, 23. 11. 2001.
Zeman, Jakub: Fotografie jako dobrodružství, *Digitální foto*, 2003, č. 9.
Hon, Štěpán: V hledáčku prezident, *Digitální foto*, 2004, č. 3.
Je to hezká práce, příloha časopisu Respekt, *Respekt*, 14. 6. 2004.
Jaslovský, Marian: Niesom paparazzo, *SME – Víkend*, 20. 10. 2004.
Čechová, Soňa: Fotografie byla a je úžasné médium, *Mosty*, 2004, č. 11.
Anonym: Jak se fotografuje prezident. *Hospodářské noviny – Víkend*, 17. 1. 2003.
Vilgus, Petr: S digitálem je vše jiné, *DIGIfoto*, 2005, č. 1.
Doričová, Denisa: Nefotím vojny, nedám sa zabiť, *Hospodárske noviny – Víkend*, 20. 10. 2006.
v. b.: – Fotografie–Kuba, *Listy*, 2007, č. 4.
Anonym (KAP): Letní fotosoutěž pokračuje, *Metropolitní expres*, 30. 7. 2007.
Guryča, Richard: Cejch, satisfakce a odžívání, *Fotografie Magazín*, 2008, č. 4.

Articles / Články

Volek, Lukáš: Portfolio – Tomki Neměc, *Svět v obrazech*, 1991, č. 32.
Anonym: Das war mein Präsident, *Diners Club*, 1992, Nr. 4.
Anonym: Ansicht aus Europa, *Das Magazin*, 1993, Nr. 7.
Anzenberger, Regina Maria: *Fotoagentur Anzenberger – Starke Reportage*, 1999, Nr. 9.
Heiner, Henninges: Tomki Nemec – Vaclav Havel. Eine sehr private Reportage über einen
     Präsidenten, *Schwarzweiss-Magazine*, 23. 2. 1995.
Kees van Loon, Door: Intieme kisk op leven Vaclav Havel, *Donderdag*, 27. 4. 1995.
Anonym: Sprechende Photos, *a3Boom!*, 1995, Nr. 3.

Mrázková, Daniela: World Press Photo, *Fotografie Magazín*, 1995, č. 8.

Anzenberger, Regina Maria: Photo Bilder aus aller Welt, *Das Magazin für Foto Profis*, 1995, Nr. 2.

Grünsteidl, Sabine: Bilder Sprache, *Der Österreichische Journalist*, 1995, Nr. 2.

Mon.: Němcův ateliér vypadá jako kancelář, *Mladá fronta DNES*, 5. 9. 1998.

Chuchma, Josef: Neobyčejný paperback, *Respekt*, 2001, č. 46.

Peňás, Jiří: Tomki Němec – Václav Havel, Photographs, *Týden*, 2001, č. 47.

Anonym: Czech Photography, Tomki Nemec, *The Heart of Europe*, 2001, No. 5.

Č. K.: Gallery of Czech Photography, Tomki Němec, *ČSA Review*, 2002, No. 1.

Petcu, Corina: Vaclav Havel's Original Pictures at the National Theatre, *Nine O'Clock*, 18. 9. 2002.

E. V.: Fotografii cu Vaclav Havel, Pa Teatrul National din Bucuresti, *Cotidianul*, 16. 10. 2002.

Simon, Gabriela: Havel in alb si negru, *Cotidianul*, 17. 10. 2002.

Ursa, Lăcrămioara: In imagini, despre spiritual unui om liber – Vaclav Havel, *Renasterea*, 20. 10. 2002.

Anonym: Expoyitie foto Vaclav Havel, *Timişoara*, 24. 10. 2002.

vrš: Nechtěli jsme z něj dělat modlu, *Pátek Lidových novin*, 17. 1. 2003.

Chuchma, Josef: Václav Havel viděný devíti fotografy, *MF Dnes*, 22. 1. 2003.

Gafton, Marcela: Patruzeci de fotografii dedicate lui Vaclav Havel, *Flux*, 12. 4. 2003.

Bán, Andrej: Czech Press Photo, *Reflex*, 2004, č. 44.

Berendsen, Kristin: Best of the Press, *The Prague Post*, 6. 1. 2005.

Němec, Tomki: Sebrali mě a byl jsem na to sám. Fotograf Tomki Němec píše o své deportaci z Havany, *Respekt*, 2005, č. 21.

Vilgus, Petr: Perfekcionista Tomki Němec, *MF Dnes*, 27. 6. 2006.

List of Published Photographs

Cuba

Czecho-

-Slovakia

62   Terchová, 2004
63   Rudňany, 2000
64   Gaboltov, 2004
65   Svätý Anton, 2004
66   Trenčín, 2004
67   Terchová, 2004
68   Near Svidník, 2004
69   Východná, 2004
70   Litmanová, 2004
71   Sučany, 2004

Romania

72   Gerník (Gîrnic), 2003
73   Gerník (Gîrnic), 2005
74   Svatá Helena (Sfântă Elena), 2002
75   Rovensko (Ravensca), 2005
76   Rovensko (Ravensca), 2003
77   Rovensko (Ravensca), 2004
78   Rovensko (Ravensca), 2002
79   Svatá Helena (Sfântă Elena), 2002
80   Gerník (Gîrnic), 2002
81   Termezov, 2001
82   Termezov, 2001
83   Nova Huta-Gemelčička, 2001

Soupis publikovaných fotografií

29	Turnov, 1990
30	Slavkov u Brna, 1990
31	Praha, skupina mluvčích Charty 77 v bytě Dany Němcové v Ječné ulici při ukončení činnosti Charty 77, 1992
32	Praha, 2003
33	Praha, poslední den Václava Havla v prezidentském úřadu při slavnostním rozloučení v Národním divadle, 2003

Kuba

34	Havana, 1994
35	Havana, 1994
36	Havana, 1994
37	Havana, 1994
38	Havana, 1994
39	Havana, 1995
40	Havana, 1994
41	Santiago de Cuba, 1995
42	Havana, 1994
43	Havana, 1995
44	Viñales, 1995
45	Havana, 1994
46	Havana, 1995
47	Havana, 1995

Česko-

48	Praha, 2006
49	Staňkov, 1994
50	Praha, 1990
51	Praha, 1990
52	Praha, 2000
53	Trutnov, 1994
54	Praha, 1990
55	Trutnov, 1997
56	Praha, 1994
57	Praha, 2000
58	Praha, 2000
59	Rozvadov, 1999

-Slovensko

60	Bratislava, 1992
61	Gaboltov, 2004
62	Terchová, 2004

63   Rudňany, 2000
64   Gaboltov, 2004
65   Svätý Anton, 2004
66   Trenčín, 2004
67   Terchová, 2004
68   Okolí Svidníku, 2004
69   Východná, 2004
70   Litmanová, 2004
71   Sučany, 2004

Rumunsko

72   Gerník, 2003
73   Gerník, 2005
74   Svatá Helena, 2002
75   Rovensko, 2005
76   Rovensko, 2003
77   Rovensko, 2004
78   Rovensko, 2002
79   Svatá Helena, 2002
80   Gerník, 2002
81   Termezov, 2001
82   Termezov, 2001
83   Nova Huta-Gemelčička, 2001

Tomki Němec

by Josef Chuchma
Photo selection: Tomki Němec, Michal Hladík, and Jan Zachariáš
Translation: Derek & Marzia Paton
Graphic concept: Studio Najbrt, Prague
Graphic design: Pavel Lev & Klára Hájková, Studio Najbrt
Lithography: Art D, Prague
Printed by Trico, Prague
Copy editors: Jan Šulc and Derek Paton
Published by TORST
Address: Opatovická 24, Prague 1
CZ-110 00, Czech Republic
foto@torst.cz
First edition, 2007

Also available through D. A. P./Distributed Art Publishers
155 Sixth Avenue, 2nd Floor, New York, N.Y. 10013, USA
Tel: ++1 (212) 627-1999 Fax: ++1 (212) 627-9484